W0061344

Die Welt verändert sich.
Wir verändern uns.
Und auch unsere Träume verändern sich.

Wohl verarbeiten wir des Nachts auf der
Traumebene weiterhin unsere kleinen und
größeren Probleme, aber wir empfangen auch
in Folge der neuen Zeitqualität mehr und mehr
Impulse unserer Seele über Vorbereitungs- und
Warnträume. Meist in Symbolbildern.

Was wir machen müssen?
Die Symbole und Sprache unserer
Träume deuten lernen.
Wenn wir unsere Träume verstehen,
verstehen wir auch die Absicht unserer Seele,
uns bei der Gradwanderung des hereinbrechenden
Wassermann-Zeitalters Wegbegleiter zu sein!

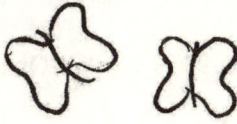

Leser Verlag e.K.
97877 Wertheim-Lindelbach, Ebenrainstr. 9
Telefon 09342 918 418 (auch 23 558 AB)
Telefax 09342 23 542
www.leser-verlag.de
Email: leser@t-online.de

Druck: 9/09 Hinkel-Druck GmbH, Wertheim

ISBN-Nr. 978-3-9807554-3-6

Anne Christin Leser

unter Mitarbeit von
Robert Leser

Träume

und andere
Botschaften
der Seele

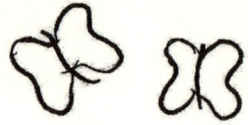

Inhaltsverzeichnis

Teil 1:
Träume –
Botschaften der Seele

Traumdeutung   117

Archetypische Traumsymbole

Eigene Traumsymbole –
Assoziationen / Analogien   149

Teil 4:
Anhang

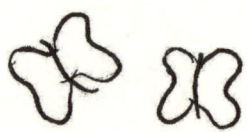

**Unsere Seele kann jubeln,
kann trauern.
Das fühlen wir.
Sie teilt sich über Gefühle
und Stimmungen mit.
Am besten über Träume!**

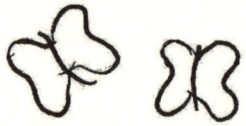

Teil 1:
Träume —
Botschaften der Seele

Was sind Träume?

Träume sind Bilderfolgen aus einer anderen Bewusstseinsebene, mehr noch, sie sind wie ein Film mit Handlungen, die wir durchführen, erleben, erfühlen oder auch, bei denen wir zuschauen. Doch auch als Zuschauer fühlen wir mit, bildet sich in uns ein wertendes Gefühl, entweder ein abwertendes, z.B. wenn wir Angst haben, oder ein Gefühl der Aufwertung, wenn wir im Traum glücklich sind.

Wir leben zweigeteilt: im Wachbewusstsein sind wir meistens mit unserer linken Gehirnhälfte verbunden, die für rationales und logisches Denken zuständig ist, im Traumbewusstsein (oder auch Seelenbewusstsein) sind wir mit der rechten Gehirnhälfte verbunden, die uns mit Phantasie,

Analogien, Intuition und Zeitlosigkeit beschenkt.
Wir können auch sagen:

    links = männlich, rechts = weiblich
    links = Tagesbewusstsein, rechts = Traum-
            bewusstsein / Seelenbewusstsein.

Wir kommen aus dem Fühlen und Denken der rechten weiblichen Gehirnhälfte, lernen spätestens in der Schule den Wechsel in das logisch-männliche Denken der linken Gehirnhälfte. Und später, viel später erst, begreifen wir, dass wir einen wichtigen Teil unseres Menschseins vernachlässigt haben: unsere weibliche gefühlvolle Bilderwelt!
Das trifft Männer wie Frauen gleichermaßen.

Und da unsere momentane Welt männlich geprägt ist, *müssen* nun auch schon die Kindergartenkinder im männlich-logischen Denken unterrichtet werden, statt wie bisher damit bis zum Schulalter warten zu dürfen. Denn Kinder kommen aus einer weiblich-gefühlvollen Welt und müssen auf Erden lernen, beide Gehirnhälften miteinander zu verbinden. Doch warum muss das nun schon so früh sein? Warum lässt man ihnen nicht diese kleine Weile voller

2

Seelen- und Märchenbilder? Denn spätestens ab der Einschulung wird der Gebrauch der linken, logische Gehirnhälfte trainiert und überbetont. Doch noch heißt es: kleine Kinder denken in Bildern, Erwachsene in Worten.

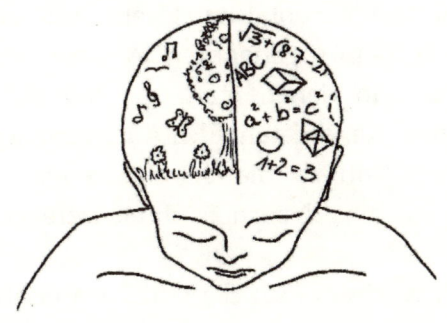

Im Traum wechseln wir die beiden Gehirn-hemisphären, begeben uns von der linken in die rechte Gehirnhälfte. Oder bereits vorher, z.B. wenn wir nicht einschlafen können, weil unser Rädchen im linken Gehirnkastl noch immer intensiv läuft. Dann versuchen wir es wieder mal mit dem Schäfchenzählen. Die Schäfchen erscheinen = die rechte Gehirnhälfte wird angesprochen; dann beginnen wir zu zählen: 1, 2, 3 usw. = und schon verabschiedet sich unsere linke Gehirnhälfte aus gähnender Langeweile. Sie fühlt sich unterfordert, und wenn wir uns nicht intensiv auf die Schäfchen ausrichten, versucht sie uns mit anderen Informationen abzulenken.

Doch wir bleiben – nehmen wir einmal an – unseren Bildern treu und dämmern langsam dahin. Auch die Schäfchenbilder lösen sich auf, wir geraten in den sogenannten Alpha-Zustand. In Schlaflabors, in denen man von mit Elektroden behangenen Kandidaten EEG-Aufzeichnungen gemacht hat, sind so die verschiedenen Schlafzustände zeitlich und auch in ihrer Tiefe gemessen worden.

Demnach wechseln sich die Schlafphasen in einem Rhythmus von 90 Minuten (bei Babys 60 Minuten) ab. Es gibt einen leichten Schlaf, der einer Meditation ähnelt und einen Tiefschlaf, in dem der Mensch unbeweglich und wie gelähmt daliegt, und es gibt die REM-Phasen (REM = Rapid Eye Movement = schnelle Augenbewegung). Man stellte fest, dass in bestimmten Abständen

Haben Sie schon einmal einen Hund beobachtet, wenn er träumt?
Da zucken und beben alle Beinchen, gerade so, als liefe er hinter einem Hasen her oder Nachbars Katze.

4

hinter den geschlossenen Lidern die Augen zu rollen beginnen. Das ist die REM-, die Traumphase!

Sie kann sich vier-, fünf- oder sechsmal in einer Nacht wiederholen. Die Einschlafphase und die Phasen zwischen den REM-Phasen hat man einfach Non-REM-Phasen genannt. In ihnen wechseln Leicht- und Tiefschlaf ab und die Gehirntätigkeit ruht weitgehend.

Aber in der Traumphase steigt die Frequenz der Gehirntätigkeit wieder an: unsere Seele wird aktiv. Dann ist Traumzeit! Bilderzeit! Zeit der Gefühle!

Was ist die Seele?

Es hat jeder seinen eigenen Himmel, seine eigene Gottesvorstellung und auch seine eigene Seelenvorstellung.
Es ist eine Bewusstseinsfrage. Was kann mein Bewusstsein annehmen, was nicht? Und so bildet sich für jeden ein Bild, eine Vorstellung. Keine ist falsch, keine ist für alle wahr: sie ist wandelbar!

In jedem Leben sammeln wir viele Erfahrungen, gute und weniger gute, auch schmerzhafte. Ent=wickeln oder ver=wickeln uns. Aus diesen unterschiedlichen Erfahrungen wird das „Kleid" der Seele gewoben, das sie mitnimmt in die jenseitigen Bereiche, wenn sie das Diesseits verlässt. Diese feinen oder groben Kleider, diese Hüllen, können das Licht unserer Seele verdunkeln, so dass wir erneut Mensch werden, ein anderer Mensch, der die Verdichtung dieser Hüllen durch positive Erfahrungen verfeinern möchte. In diesem Sinne hilft die Seele, gibt Anstöße, schickt Träume, will ihrem Menschen zeigen, an welchen Stellen er tätig werden kann und wo er es besser bleiben lässt. So ist das Streben unserer Seele stets auf die Aufarbeitung unserer Schattenwelt und ihrer groben Hüllen bemüht, um wieder rein, licht und so frei zu werden, wie es das ursprüngliche feinstoffliche Geistwesen war und wieder werden möchte.

So weit die Theorie!

Meine Vorstellung, was die Seele ist, hat verschiedene Stufen durchlaufen.

Als Kind wusste ich gar nicht, dass ich eine Seele habe. Als Jugendliche war es der Ort meiner Sehnsucht nach einem Partner.

Heute ist es Zentrum und Mittelpunkt meiner Sehnsucht nach der göttlichen Einheit geworden. Denn der Mensch fühlt sich auf Erden getrennt von seiner göttlichen Seite, von der Quelle seines Seins. Und so bleibt uns auf Erden nur die Sehnsucht, weil wir nur vorübergehend ein materielles Kleid tragen – und dies spürt der Mensch immer mehr, je näher er seiner feinstofflichen Seele kommt.

Für diese Sehnsuchtswelten, für die Seele, gibt es auch Bezeichnungen wie „Überbewusstsein" und „Über-Ich". Die sind auch für mich stimmig, aber es sind Worte. Sie müssen sich erst mit dem Bewusstsein füllen, dass ich nicht Kind dieser Erde, sondern Kind des Kosmos bin und stets auf der Suche nach meinem Ursprung. Dabei spüre ich die Seele als Brücke, als Verbindungsglied. Sie ist mir Seufzer, Sehnsucht, Liebe, Vertrauen, Geborgenheit in einem, ist mein wegweisender weiser Begleiter, meine Leitstelle. Meine Antenne.

> Die Seele ist feinstofflich,
> der Mensch grobstofflich:
> Geist und Materie.
> Es gibt Menschen, die die
> Seele wahrnehmen.
> Sie werden Hellsichtige
> genannt.

Natürlich weiß ich, dass die Seele mein geistiger Anteil ist, dass wir wie zwei Hälften sind, die zusammengehören, sie und mein Mensch.

Aber ich denke als Mensch und fühle als Mensch, also ist die Seele für mich etwas Unfassbares.

Doch manchmal, in stillen Stunden, fühle ich mich mit meiner Seele verbunden und spüre, dass sie der Teil von mir ist, der göttlich ist. Dann füllen sich meine Augen mit Tränen und die Sehnsucht vergrößert sich.

Wissende sagen, dass sich unsere Träume in der 5. Dimension abspielen. Das kann ich mir vorstellen, aber nicht bestätigen. Denn davon, dass die Träume aus einer höheren Dimension sind, berichten beglückt die Träumer, die aus einem wunderbaren Traum zurückkommen, aus einer paradiesischen Landschaft, und die Liebe und den Frieden dieser anderen Welt mitbringen – für eine kurze Zeit, und dann schmilzt die Erinnerung daran wie Schnee in der Sonne.

> Wir leben auf Erden (noch) in der dritten Dimension, in Raum und Zeit. Aus der für uns nicht sichtbaren 4. und 5. Dimension inkarnieren sich die Seelen „hinunter" auf die Erde und sind als Menschen zuerst einmal unwissend. Sie glauben lange nur das, was sie sehen.

Es ist einleuchtend, dass der Ausgangspunkt der Seele (vor ihrer Inkarnation) Treffpunkt für das Traumbewusstsein ist. D.h. wir halten uns in der Nacht bewusstseinsmäßig dort auf, woher unsere Seele kommt.

Das kann auch die 4. Dimension sein, deren Schwingung schon bedeutend höher ist als die unserer Erde und deshalb für unsere Augen (auf der 3. Dimension) nicht sichtbar.

Ich möchte noch einmal mein Gefühl wiederholen, dass meine Seele wie eine Antenne für mich ist, eine Antenne in die geistige Welt, in der ich vor meinem Erdengang zu Hause war. Und meine geistigen Freunde, meine geistige Familie und meine Geistführer (auch Schutzengel genannt), die sich dort aufhalten, nutzen diese Antenne, um mir beizustehen und mich zu führen. Und wer sich auf Gott oder Christus ausrichtet, der wird natürlich wunschgemäß direkt von dem Erlöser- oder Christuslicht bzw. dem Licht Gottes in uns, seiner Liebe, geführt.

Wir dürfen unsere Antenne, unsere Seele, jedoch nicht verbiegen oder von Störsendern benutzen lassen! Die Träume, die uns dann verwirren oder ängstigen, zeigen uns an, dass wir unsere Seele bzw. Antenne in eine Richtung gestellt haben, die es nicht gut mit uns meint!

Beobachten wir unsere Träume! Sie zeigen uns, woher sie kommen, wer aus der geistigen Welt unsere Seele als Antenne zu uns benutzt und welche Helfer uns führen und leiten.

Eine auf Gott und die kosmische Liebe ausgerichtete Antenne bringt uns auch Erkenne-dich-selbst-Träume, macht uns dabei auf Fehler aufmerksam und möchte uns davor bewahren, sie zu wiederholen. Sie lässt uns auch manchmal in unsere momentane Schattenwelt blicken – doch auch das sind helfende Hände der Liebe, die unser Menschlein auf dem Lebensweg sicher geleiten wollen. Denn Selbsterkenntnis ist wichtig, kann aber sehr schmerzhaft sein. Doch solche Betroffenheitsschmerzen bzw. Empfindlichkeiten sind kein Merkmal dafür, dass etwas mit der Einstellung unserer Antenne nicht stimmt. Im Gegenteil, auch solche Träume helfen uns voran zu kommen. Und mit den Gefühlen, die unsere Seele im Traum hinterlässt, können wir vieles verstehen, ändern, bewirken, verbessern.

Ergänzung durch Robert:

Es ist an dieser Stelle wichtig, etwas über die Herkunft unserer Seele, über ihren jetzigen Zustand im menschlichen Körper und über ihre Zukunft zu erfahren – für den, der in diesen Dingen noch unwissend ist. Wer darüber schon Bescheid weiß, kann diese Erklärungen überblättern.

Ursprünglich war wie alle Seelen auch unsere ein reines Geistwesen und lebte in den reinen Himmeln. Aus Gründen, über die wir nur mutmaßen können, hat sich dann unser Geistwesen vor langer, langer Zeit entschlossen, das Tor zur sogenannten Fallwelt zu passieren, zur Welt der Polarität, in der es neben Gut auch weniger Gutes, neben Licht auch Schatten und Finsternis gibt. In der Fallwelt ist unser Geistwesen zur Seele geworden.

Diese Welt ist in sieben Ebenen eingeteilt, Ebenen höchster bis niedrigster Schwingung, die die Seele bis zur Erde hinunter, dem tiefschwingendsten Punkt des Alls, durchwandern muss, um auf der Erde in einem Menschen inkarnieren zu können, sich in ihm zu verkörpern. Die Seele stellt in diesem Menschen das Leben dar. Wenn sie den Menschen am Ende dieses Erdenlebens wieder verlässt, ist der Mensch ein toter Leichnam, wie ein welkes Blatt, das vom Baum gefallen ist und wieder der Erde zurückgegeben wird.

Auf diesem Weg durch die Fallweltebenen umkleidet sich das Geistwesen zum Schutz seiner hochschwingenden göttlichen Substanz mit Hüllen, die sie zur Seele machen. Auf jeder der sieben Ebenen die sie auf diesem erlebnisreichen, langen Weg

passiert, umkleidet sie sich mit einer solchen See-
lenhülle, die Ausdruck des Erlebens auf dieser
Ebene ist und dieses Erleben speichert. Je tiefer sie
durch diese Ebenen fällt, um so eingeengter wird
ihr Bewusstsein, um so grobstofflicher, dichter
werden diese Hüllen, die man sich ähnlich wie den
menschlichen Körper vorstellen kann und übereinander getragen werden. Sieben solcher Hüllen
trägt also die Seele eines Neugeborenen auf der
Erde, über die nun noch der menschliche Körper
als äußerste Hülle hinzu kommt.

Dieser irdische Körper spiegelt die sieben Seelenhüllen, die bisherigen Erlebnisse der Seele in der
Fallwelt. Und so wie der Mensch aussieht, spricht,
isst und trinkt, denkt und tut, ist er, ist seine Seele
beschaffen. Und alles, was er in diesem Erdenleben
im Menschen denkt, spricht und tut, Gutes und
weniger Gutes, geht ebenfalls in seine Seelen-
substanz ein – macht sie heller oder dunkler.

In der Dimension, in der sich die Seele im Traum
oder nach dem Tod des Menschen aufhält, sagen
wir in der 4. oder 5. Dimension, findet ein Leben
statt, das seinem bisherigen Erdenleben nicht
unähnlich ist. „So wie der Baum fällt, so bleibt er
liegen", könnte man dazu sagen. Ihre Wahr-
nehmungsfähigkeit beschränkt sich wie auf der

Erde mit ihren drei Dimensionen nun auf diese 4. oder 5. Dimension und alles Gröbere, Dichtere, niedriger Schwingende. Höhere Dimensionen sind für diese Seele nicht schaubar, so wie unser Mensch höhere Dimensionen als die irdische nicht schauen kann.

Unsere Seele sieht dem Menschen, den sie auf der Erde bewohnt, nicht unähnlich, mit dem Unterschied, dass sie nicht wie dieser altert, welkt, stirbt, sondern immer gesund und jung bleibt.

Denn die Seele lebt ewig. Sie reinigt und entwickelt sich wieder, Bewusstseinsebene für Bewusstseinsebene die sogenannte Jakobsleiter hinauf bis wieder zurück in die reinen Himmel, wenn sie den Inkarnationszyklus auf der Erde abgeschlossen hat. Den absolviert sie zu ihrer Reifung bzw. um einen speziellen göttlichen Auftrag zu erledigen. Ein solcher Zyklus von Erdenleben kann über hunderte von Erdenleben und tausende von Erdenjahren reichen.

Die Seele ist also, während ihr Mensch schläft und träumt, an ihrem derzeitigen geistigen Aufenthaltsort auf einer der vier Reinigungsebenen der Astralwelt, und hier trifft sie ihre geistigen Führer und Freunde. Sie fühlt sich dort zu Hause, ruht sich ein wenig von den Anstrengungen auf der Erde aus und tankt Kraft, auch für ihren schlafenden Menschen, den sie weiterhin über die Silberschnur geistig ernährt, über die sie mit ihm verbunden bleibt. Hat sie ihre Erdenmission beendet, steigt sie irgendwann auf in die sogenannten Vorbereitungs-ebenen der Fallwelt, von denen es für eine Seele drei zu durchlaufen gilt. Zum Schluss hat sie wieder alle Seelenhüllen abgelegt und steht vor dem Tor, das in die reine Welt zurückführt, dem sogenann-ten Rosentor.

Dieser Weg, der oftmals für die Seele sehr beschwerlich ist, vor allem auf der Erde, ist eine große Bereicherung für das einzelne Geistwesen und für das ganze göttliche Universum.

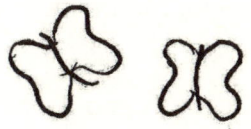

Wie nehme ich meine Seele wahr?

Rührung

Ich sehe meine Seele nicht, aber ich nehme sie wahr. Vor allem spüre ich meine Seele, wenn mich etwas zu Tränen *rührt*. Ob das ein kleines hilfloses Tierlein ist, eine zu Herzen gehende Melodie oder ob mich sonstwie eine Situation *berührt* - wenn ich spüre, wie heiße Tränen aufsteigen, dann weiß ich, dass sich meine Seele *gerührt* hat.

Schlechtes Gewissen

Und wenn ich im Leben an Wegkreuzungen ankomme, wo ich nicht weiter weiß, spüre ich die helfenden, vielleicht auch warnenden Impulse meiner Seele. Bin ich dann in die unpassende Richtung gelaufen, spüre ich dies über mein „schlechtes Gewissen".

Jubel der Seele

Und bin ich richtig gegangen, jubelt meine Seele. Dann verspüre ich ein den ganzen Menschen ausfüllendes Glücksgefühl, eine schwingungsmäßige Anhebung – im Gegensatz zu dem aufgeregten, sprudelnden Glücksgefühl meines Menschleins, wenn es etwas für sich und seine Wünsche erreicht hat.

Tiefe Traurigkeit und Sehnsucht

Manchmal überfällt mich eine tiefe, abgrundtiefe Traurigkeit/ Melancholie. Sie kommt auch aus der Seele und zeigt mir, dass ich auf dieser Erde ein Fremder bin. Auch das führt zu einer unbestimmten Sehnsucht, die ich nicht stillen kann, weil ich eigentlich gar nicht weiß, wonach ich mich sehne.

Seit ich mich mit meinen Träumen eingehender beschäftige, spüre ich, ist meine Seele aktiver geworden.

> Unsere Seele kann jubeln, kann trauern. Das fühlen wir.
> Sie teilt sich über Gefühle und Stimmungen mit. Am besten über Träume! Denn im Wachbewusstsein hören wir nur selten oder gar nicht zu.

Oder anders ausgedrückt:
sind die geistigen Helfer aktiver geworden und geben mir ständig Impulse über meine Seele, in Träumen, aber auch im Wachbewusstsein. Und

seitdem bemühe ich mich, meine Schwingung zu erhöhen, um die Botschaften meiner Seele bzw. meiner geistigen Helfer besser zu verstehen. Doch ist das nicht immer leicht. Denn meine Seele ist nicht von dieser Welt! Aber sie ist spürbar! So wie meine Gedanken und Gefühle - und die sehe ich genauso wenig wie meine Seele. Aber meine Gedanken und Gefühle kann ich mitteilen.

So schwierig es ist, die Seele bei einem lebenden Menschen zu beschreiben, so einfach ist es jedoch, wenn er gestorben ist. Dann zeigt sich klar der Unterschied zwischen Mensch und Seele, zwischen Materie und Geist.

Stellen Sie sich vor:

Ein Mensch stirbt, die Seele hat ihn verlassen. Wir sehen vor uns ein lebloses Gebilde, das einmal geatmet, das einmal geweint und gelacht, mit uns gesprochen und gesungen hat. Und nun: Stille! Nur noch Haut und Knochen. Das Leben ist weg. Das Leben war die Seele! Der verbliebene leblose Körper jedoch vergeht, löst sich auf und wird wieder zu Staub, wird wieder ein Teil dieser Erde. Der irdische Anteil, der Körper also, bleibt bei unserem Tod auf der Erde, und die Seele als geistiger Teil verabschiedet sich in die kosmische

Heimat, in den Teil des Kosmos, von dem sie ausgegangen ist. Sie war nur vorübergehend Gast auf dieser Erde. Sie hat ihre Aufgabe hier erfüllt.

Vielleicht kommt sie ja noch einmal wieder, vielleicht kann sie aber auch von der Ebene ihres nunmehr erreichten Bewusstseins aufsteigen in höhere Bereiche und das Experiment Erde abschließen und in unsere wahre göttliche Heimat „jenseits von Eden" zurückkehren.

Es gibt noch viele Bewusstseinsebenen und Dimensionen, viele „Himmel", zu denen wir uns hochschwingen müssen/wollen, bis wir wieder alle vereint sind im Ursprung unseres göttlichen Seins.

Wir Menschen können uns im „Normalfall" in Meditation und Gebet bis zu der Bewusstseinsstufe unserer Seele recken, höher nicht. Doch auf der sogenannten Himmelsleiter unserer geistigen

> Die Seele ist stets weiter entwickelt als der Mensch. Aber auch sie will sich noch weiter entwickeln, wozu die Erfahrungen unseres Menschseins ihr dienen. So dienen wir unserer Seele und sie dient dem Menschen, dessen Teil, Begleiter und Antenne sie ist.

Entwicklung kann unsere Seele weitere Sprossen Stufe für Stufe emporsteigen – sicherlich ein weiter Weg. Wie weit – wir können es uns nicht vorstellen. Als Mensch bleibt mir nur, zu vertrauen.

Es ist ein Rückweg. Mehr kann mein Bewusstsein im Moment nicht erfassen. Meine geistigen Begleiter wissen mehr. Manches ahne ich auch. Und das muss vorübergehend ausreichen. Denn meine Seele und meine geistigen Wegbegleiter kennen ja den Weg und führen mich - nicht nur über Träume.

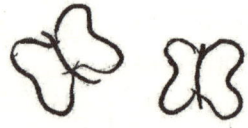

Unterteilung der Träume

Wir unterteilen Träume in

> - Verarbeitungsträume (auch Angstträume)
> - Erkenne-dich-selbst-Träume
> - Zukunftsträume (Vorbereitung)
> - Warnträume
> - Wunschträume
> - Wachträume
> - und sogenannte Astralreisen

Verarbeitungsträume

Unser Leben findet im Tagesbewusstsein statt. Vieles, was wir erleben, verarbeiten wir, aber vieles auch nicht. Das Unbearbeitete wird ins Unterbewusstsein verschoben und von unserem Oberbewusstsein vergessen. Doch unsere Seele arbeitet den Mülleimer unseres Unterbewusstseins auf, denn sonst würde er überlaufen. In unseren bewussten und unbewussten Träumen begegnet uns das Unverarbeitete wieder, wenn sein Inhalt noch wichtig für uns ist.

Reagieren wir auch dann nicht, kann es einen Stau geben, der sich auch als Angsttraum Bahn brechen kann. Damit wir endlich hinhören bzw. hinsehen und bereit werden, die anstehenden Probleme aufzuarbeiten und zu lösen.

Wenn wir unsere Fehler und Versäumnisse nicht anschauen wollen, sie stattdessen ständig wiederholen, nähren wir unseren „Schatten", der größer und größer wird und uns vielleicht irgendwann als eine drohende Figur verfolgt. Bis wir einsichtig werden.

Erkenne-dich-selbst-Träume

Das können auch Verarbeitungsträume sein. Immer dann, wenn wir etwas nicht richtig einschätzen oder auch einfach nicht verstehen (wollen), hält unsere Seele uns den Spiegel vor und zeigt: das ist ja (eigentlich) ganz anders - schaue in den Spiegel und erkenne dich!

Wir können uns selbst etwas vormachen, doch unserer Seele nicht.

Zukunftsträume / Vorbereitung

In Zukunftsträumen öffnet unsere Seele das Zeitfenster und lässt uns über Raum und Zeit hinausschauen. Es kann sich um eine Vorbereitung handeln oder um einen Korrekturvorschlag.

Denn damit eine Blume wachsen kann, braucht sie auch die richtige Pflege. Und so ist es auch auf unserem Weg in die Zukunft. Es gibt vieles zu beachten und zu verbessern, um dort anzukommen, wo es für dieses Erdenleben vorgesehen ist.

Warnträume

Warnträume zeigen, wovor wir uns in Acht nehmen sollten auf unserem Weg in die nahe und ferne Zukunft. Was hält uns fest, was lassen wir nicht los, dass wir nicht weiterkommen? Welche Barrikaden haben wir uns auf unserem Lebensweg aufgebaut? Unsere Seele zeigt uns, was zu ändern ist und welche Gefahren lauern.

Wunschträume

Unser Leben ist meistens nicht so, wie wir es uns wünschen. Doch wie wir es uns wünschen, malen wir uns oftmals nachts im Traum aus. Dadurch nehmen wir auch unsere geheimen Wünsche mit ins Tagesbewusstsein, die wir ins Unterbewusstsein abgeschoben hatten.

„Träume sind Schäume", sagen wir danach, wenn wir im Traumbewusstsein all das besaßen, was unser Mensch so gerne hätte und wäre, wenn wir im Traum die Schönsten, die Edelsten, die Beliebtesten, die Reichsten, die Mächtigsten ... gewesen sind.

Wachträume

In Wachträumen wissen wir, dass wir träumen, aber wir schlafen nicht. Wir träumen sozusagen vor uns hin. Unsere Bilderwelt ist aktiv, und es heißt ja auch, „der träumt mit offenen Augen". Auch eine tiefe Meditation kann als Wachtraum erlebt werden. Wir sind dann also im Tagesbewusstsein mit unserer Seele verbunden.

Astralreisen

Astralreisen sind die Reisen unserer Seele. Wir unternehmen sie fast jede Nacht. Aber wir vergessen sie danach wieder, um uns ganz auf unser reales Leben konzentrieren zu können. Doch der Eine oder Andere nimmt schon mal einen Fetzen oder sogar mehr davon mit ins Tagesbewusstsein. Dann erinnert er sich an ferne Länder, andere Planeten oder an unsere wahre Heimat auf den Reinigungs- bzw. Entwicklungsebenen der geistigen Welt, woher unsere Seele kam und wohin sie wieder gehen wird nach diesem Besuch auf der Erde. Dort kann man sich mit alten Freunden treffen, auch längst Verstorbenen.

Umgekehrt ist es auch möglich, dass die Seelen Lebender oder Verstorbener auf ihrer Astralreise vorbeikommen, weil sie noch etwas mit uns zu erledigen haben.

Oder statt, wie üblich, nach dem Tod ihres Menschen bald oder recht schnell in die geistigen Zwischenwelten zu gehen, wo sie hingehören, bleiben Seelen in ihrem gewohnten irdischen Umfeld und versuchen sich bemerkbar zu machen. Bis die trauernden Hinterbliebenen getröstet sind und sie ihnen noch einmal ihre Nähe und Liebe geschenkt haben, so dass die Bindungen gelöst und die Seelen der Verstorbenen endlich ihre eigenen Wege gehen können.

Durch solche Begegnungen erfährt der Träumende, dass es keinen Tod gibt und dass das Ablegen des irdischen Körpers keine Trennung bedeutet, weil der Geist weiterlebt und auf der Traumebene Treffen möglich sind.

Auf dieser Traumebene befinden wir uns also nicht mit unserem menschlichen, dichten Körper, sondern mit unserem feinen Seelenkörper, der ebenso Geist ist wie der Geist der Verstorbenen. Der Unterschied zu den scheinbar Toten und uns auf der Erde noch Lebenden besteht einzig in dem elastischen, feinstofflichen sogenannten Silberband, mit der unser Traum- bzw. Seelenkörper mit unserem schlafenden Menschen verbunden bleibt. Diese Silberschnur reißt nur, wenn die Zeit dafür gekommen und unsere Seele entschlossen ist, sich von ihrem Menschen zu trennen, also bei dessen Tod.

Astralreisen können wir auch in vergangene Leben machen, können sozusagen noch einmal in ein altes Leben eintauchen. Solche Träume sind vor allem an der Kulisse zu erkennen und an den altmodischen Kleidern, die uns zeigen, in welcher Epoche wir im Traum gelandet sind. Wer solches träumt, kann erkennen, wo die Probleme des Alltags ihre Wurzel haben und dass er wieder im gleichen Kampf steht, den er bereits schon einmal in ähnlicher Form gekämpft hat. Man sieht dann, dass sich nur die Zeiten und Kulissen geändert haben, dass man wohl ein anderer Mensch geworden ist, aber die Gefühle und Schwierigkeiten oft noch die alten sind.

Interessant ist auf dieser Traumebene, dass wir mit Menschen zusammentreffen, die wohl anders aussehen, aber sofort als uns heute Nahestehende erkannt werden. Wir sind uns dann sicher, dass es z.B. Onkel Fritz ist, der in diesem alten Leben den Vater darstellte oder dass es die heutige Mutter ist, die damals unsere kleine Tochter war.

So wird uns klar, dass wir lediglich einen Rollentausch vorgenommen haben bzw. wir in unseren verschiedenen Erdenleben immer wieder neue Rollen spielen. Wie auf einer Theaterbühne, wo auch die Stücke, Kulissen und Rollen immer wieder gewechselt werden. Und wir stellen fest, dass wir mit Schauspielern zu vergleichen sind, die mit „ganzer Seele" dabei sind. Ähnlich wie in einem Traum. Ist vielleicht auch das ganze Leben auf Erden nur ein Traum?

Realistisch sind letztendlich nur unsere Gefühle. Sie überdauern auch unseren körperlichen Tod, unser Körper aber zerfällt zu Staub.

Astralreisen sind in manchen der nachfolgenden Traumbeispiele enthalten.

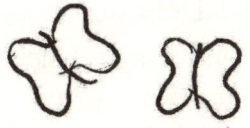

Traumbeispiele

Bei den nachstehenden Beispielen wird manchmal

> ➢ das dabei empfundene Gefühl angegeben oder
> ➢ die Frage nach einer zum Traum passenden Assoziation beantwortet.

Assoziationen sind Analogien oder Symbol-Sponttandeutungen (siehe Seite 149) und haben Bezug zu Menschen, Tieren, Orten oder Gegenständen.

Die Gefühle, die wir während des Traumes haben und vielleicht am Ende des Traumes ins Tagesbewusstsein mitnehmen, zeigen uns die Richtung an, in die der Traum uns führen will. Sie sind - vereinfacht gesehen - zusammen mit den Assoziationen die beiden Ruder, mit denen wir unser Traumboot in den Hafen des Verständnisses lotsen können.

Beispiele Verarbeitungstraum

Wahrscheinlich sind die meisten Träume Verarbeitungsträume. Sie helfen, im Traumbewusstsein das zu verarbeiten, was der Mensch im

Tagesbewusstsein nicht bearbeiten wollte oder konnte. Somit sind Verarbeitungsträume Vergangenheitsträume von einer jungen oder auch sehr alten Vergangenheit, die wir nicht aufgelöst haben.

Nachstehendes Traum-Beispiel zeigte mir, dass ich Menschen, die ich mag, nicht über Gebühr glorifizieren soll.

Ich träumte, mein alter Chef Claus raucht sehr stark. Ich rauchte im Traum auch. Man bot mir eine neue Stelle an, aber ich blieb bei meinem verehrten Chef. Der erzählte mir von einer gläubigen Frau, der er sich überlegen fühlte.
Assoziation zu Chef Claus: ein guter Mensch, ein liebenswerter Mensch.

Mein alter Chef Claus: die Person, die ich verehre und liebe, die in meinen Gedanken im Laufe der Zeit immer großartiger wurde. Aber der Traum zeigt ihn als starken Raucher (der er gar nicht war) und als jemanden, der Gläubige abwertet, weil er selbst nicht gläubig war. So wird mir gezeigt, dass jeder zwei Seiten hat, dass auch „gute" Menschen ihre Schattenseiten haben, und ich meinen guten, alten Chef etwas realistischer sehen soll. Denn würden wir uns heute begegnen - ich, die inzwischen Gläubige, er, der weiterhin Ungläubige -, wäre unsere Harmonie von damals wohl nicht mehr zu halten.

Aber was bedeutet es denn, im Traum verliebt zu sein in jemanden, den man im wirklichen Leben überhaupt nicht leiden kann? Was hatte Antonia auf diese Weise zu verarbeiten?

Am Ende ihrer ersten Ehe hatte sie folgenden Traum:

Verliebt in Klaus-Dieter, und zwar so intensiv, dass ich wachwerdend noch von den Hormonen geschüttelt bin. Wir überlegten im Traum, mit meiner Tochter und der seinen unsere damaligen Partner zu verlassen. Wachwerdend war ich so sehr verliebt, dass ich eine Weile noch in diesem herrlichen Gefühl verbleiben wollte, weil es so wunderbar war. Bis mir dann doch mehr und mehr bewusst wurde, in wen ich da verliebt

war. Und das war einfach absurd! Deshalb musste ich zuerst einmal laut lachen. Und langsam, ganz langsam verließ mich das wunderbare Gefühl der Liebe. Spontan kam mir in den Sinn: „Noch nicht einmal im Traum würde ich daran denken, mit dem Klaus-Dieter ... also gerade mit diesem Typen ... !"
Aber eben doch im Traum!

Assoziation zu Klaus-Dieter: unsymphatisch

Heute glaubt Antonia, dass ihr gezeigt werden sollte, dass Liebesgefühle in der Lage sind, auch Antipathien zu überwinden. Aber wieso gerade dieser unsymphatische Klaus-Dieter, zu dem sie stets auf Distanz gegangen war?
Eben! Als Lehrstück musste es eine Figur sein, die in Wahrheit nie in Frage kommen würde.
Nur deshalb wurde es zu einem Traum, den Antonia nie vergessen hat und den sie sogar nach 35 Jahren noch nachfühlen kann. Sie erfuhr dadurch, dass Liebe keine Grenzen kennt.

Schade, dass unsere Seele nicht öfter von solchen Gefühlsbeispielen Gebrauch macht. Es muss ja nicht gleich zu dem Wunsch führen, den Partner zu verlassen. Aber wenn man so etwas träumt, hat man ihn innerlich wohl schon verlassen. Und das war zu diesem Traumzeitpunkt auch zutreffend. Antonia hat, wie sie sich heute erinnert, schon damals ihre erste Ehe als gescheitert angesehen.

Meine jüngste Tochter Anuschka träumte im April 2008, kurz vor der Geburt ihrer Zwillinge:

> Vor ihrer kleinen Tochter Annais hält zu deren Vergnügen ein Bus und die Türen gehen auf. Anuschka und ihr Mann Horst und das Kind steigen ein.
> *Gefühl: dem Kind eine Freude zu machen und eine Station mitfahren zu wollen.*
> Doch der Bus wandelt sich zur Straßenbahn, und sie fahren mit bis Würzburg-Mitte. Dort wohnt Leona, die könnte man besuchen. Sie wohnt in einem luxuriösen Riesenhaus, unten sogar mit Portier.
> *Gefühl: der Luxus beeindruckt nicht mehr.*
> Sie gehen zusammen mit Leona in die menschenvolle Stadt. Horst setzt das Kind ab und begrüßt drei Männer und zwei Frauen, mit denen er zusammen eine Ausbil-

dung gemacht hatte. In einem Café setzen sich alle an einen großen Tisch, jedoch Horst und seine Leute oben und Leona und Anuschka unten. Als sich Leona mit einer der Frauen unterhält, fühlt sich Anuschka überflüssig und versucht zur Gruppe ihres Mannes aufzurücken. Sie fragt eine Frau der oberen Gruppe, ob sie den Platz tauschen könnten. Die verneint.

Gefühl: diese Frau behandelt sie abweisend und herablassend, grenzt sie aus.

Aber einer der Männer erklärt sich bereit, doch schon bricht die Gruppe auf. Und Horst begleitet die Leute noch vor die Tür.

Gefühl: Anuschka fühlt sich zur Hausfrau degradiert, abgelehnt.

Sie wartet lange auf die Rückkehr ihres Mannes, geht nach einer halben Stunde nachsehen. Draußen ist inzwischen Karneval und die Raketen fliegen.

Gefühl der Bedrohung.

Nach einer dreiviertel Stunde kommt Horst endlich, und sie sagt, dass sie sich sitzen gelassen fühlte. Sie konnte gerade noch bezahlen und hatte dann kein Geld mehr.

Gefühl der Abhängigkeit.

Sie streiten. Anuschka wirft ihm vor, dass die Leute sie wie ein Dummchen behandelt hätten, und er gibt zur Antwort, dass diese sie für eine Hausfrau hielten.
Gefühl: er hält zu den Anderen, nicht zu Frau und Kind bzw. nur zum Schein zu diesen.

Erklärung: Ich habe Anuschka beim Erzählen gebeten, ihre Gefühle auszudrücken. Diese wurden kursiv eingefügt.

Deutung:
Anuschka hat in ihrem Leben bewusst die Seite der Hausfrau und Mutter gewählt. Sie hat sich entschieden. Nun, da die Tür zur Berufstätigkeit vorerst zu ist (Zwillinge!), verarbeitet sie ihre Befürchtungen im Traumbewusstsein.
Eine Entscheidung *für* etwas bedeutet auch stets eine Entscheidung *gegen* etwas. Der ausgegrenzte Lebensbereich Berufstätigkeit kommt aber im Traum zu Wort und zeigt sich in dem Gefühl Anuschkas, nun selbst ausgegrenzt zu werden.
Nun, wo es kein Zurück mehr gibt, meldet sich auch das Gefühl der Abhängigkeit, in das sich Anuschka mit ihrer Entscheidung begeben hat.
Der Traum gibt die Befürchtung wieder, dass jede

Entscheidung auch eine Fehlentscheidung sein kann. Je nachdem, von welcher Seite man es betrachtet.

Wäre ihre Entscheidung für die Berufstätigkeit gefallen, hätte sie wahrscheinlich von Müttern mit Kindern oder von Kinderwagen geträumt, aus denen ihr verlassene Kinder zuwinken.

Und:

Jemanden, der nicht warten kann und so ungeduldig ist wie Anuschka (Löwe-Sonne, Zwillings-Mond), kann eine dreiviertel Stunde so lange vorkommen, als wenn sich die Jahreszeiten geändert hätten.

Nachstehender Traum des 15jährigen Josh ist einerseits ein Verarbeitungstraum, andererseits auch ein Beispiel für Erkenne-dich-selbst.

Er berichtet:

> Laufe durch den Wald. Immer dasselbe. Laufe in einen Weg rein, und dann kommen Wildschweine, eine ganze Herde.
> *Gefühl: Angst*
> Ich renne. Manchmal war auch der Opa dabei.

35

Deutung:

Josh möchte gerne zu jemandem sagen: du dreckige Sau! Und traut es sich nicht, und läuft davon.

Dieser Traum ist die einfache Aufforderung, auch das auszudrücken, was sich nicht geschliffen und so gut anhört, wie das von den Eltern Erlernte. Was in ihm drin ist, *soll* der Träumer rauslassen. Er muss sozusagen manchmal die „Sau herauslassen". Das ist etwas, was in ihm bohrt und was heraus möchte.

Astrologisch gesehen stehen seine Gefühle oft unter Druck (Pluto Konjunktion Mond). Wenn er sie nicht im Tagesbewusstsein verarbeitet, werden sie ins Unterbewusstsein verschoben und müssen im Traumbewusstsein verarbeitet werden. Da geht es dann auch schon einmal grob und ungeschliffen zu. Dieser Traum ist gewiss keine Aufforderung zu Höflichkeit und Diplomatie, sondern zu den tiefen, bohrenden Gefühlen, die sich Luft machen möchten, zu stehen und vor ihnen nicht davon zu laufen. Sie stellen einen ungelebten Teil dar.

Wenn ein Brunnen gebohrt wird, kommt erst auch einmal ein Schwall von Dreck mit heraus. Vielleicht verhält sich der Opa ja auch manchmal wie ein „Dreckschwein", oder er gehört zu den

Etepeteten, die in Ohnmacht fallen, wenn sie mal ein Schimpfwort hören. Für Letztere sind ein paar deftige Worte manchmal geradezu notwendig und eine gute Möglichkeit, sich mit den beiden Seiten des Lebens wieder einmal auseinanderzusetzen.

Auf diese meine Deutung antwortet die Mutter, dass Josh's ruhige Art und seine Besonnenheit ihm öfters im Weg stehen, sich Luft zu machen, und er schon ab und zu mal „an uns" übt. Doch er kann es bereits selbst einsehen, dass seine Gefühle oft unter Druck stehen.
Und zum Opa wird gesagt, dass dieser ein Paradebeispiel für Obrigkeitshörigkeit sei und alles, was nicht in sein Weltbild passe, z.B. die „dreckigen Grünen", sofort ablehne. Da hat der Enkel ja direkt noch Pflichtübungen bei ihm, und es ist einzusehen, warum der Opa im Traum mit bei den Wildschweinen ist.

Nur ein kurzer Traum von Nadja, der sich jedoch in ähnlicher Form wiederholt und sie auf ihre unbewältigte Vergangenheit aufmerksam macht:

Sie träumt, zur Passkontrolle zu müssen.
Gefühl: Angst vor Willkür.
Doch die Beamten verhalten sich neutral und sachlich, werfen einen kurzen Blick in ihren Pass hinein und geben ihr diesen mit einem kleinen Lächeln zurück.
Gefühl: Erleichterung.

Deutung:
Nadja denkt noch an DDR-Zeiten zurück und hat die erlebte Willkür in ihrer Erinnerung gespeichert. Doch die alten Zeiten sind vorbei. Es ist vor allem das Umfeld, das Menschen prägt, z.B. veranlasst, Willkür auszuüben. Es gibt solche Menschen überall, in vielen schlummern ungelebte diktatorische Ansprüche. Ihre Blütezeit erleben sie jedoch dort, wo von „oben" diese negativen Eigenschaften erwünscht sind und gefördert werden.
Nadja sagt, dass sie heute solchen Menschen nicht mehr begegnet. Nadjas Umfeld hat sich also geändert, Nadja selbst auch (Pluto am Aszendenten). Aber die alte plutonische Angst vor Willkür und Unterdrückung sitzt tief. Deswegen dieser Traum, in dem Nadjas Seele sie beruhigt und ihr signalisiert, dass die alten Zeiten vorbei sind.

Noch einmal Verarbeitungsträume, die aber auch unter Erkenne-dich-selbst einsortiert werden können. Lisa hatte in einer Nacht hintereinander folgende zwei Träume. Auf den ersten Blick haben sie nichts Gemeinsames. Erst auf den zweiten. Lisa beschreibt:

Traum 1:
Ein Bekannter kommt vorwurfsvoll, ich hätte etwas gesagt, was nicht in Ordnung sei. Gleich kriege ich einen Schreck. Mir fällt heiß ein, was ich von Clara weiter erzählt habe. Und mein schlechtes Gewissen ist groß. Doch es war dann doch etwas Harmloses, und ich komme im Traum mit einem Achselzucken davon.

Traum 2:
Unterwegs mit Anneke. Weiß, dass sie zur Fahrprüfung nicht zugelassen wurde und frage vorsichtig, wie es mit ihren Fahrstunden stehe. Sie werde noch welche machen, ist die Antwort. Eigentlich will ich sie auch noch nach ihrer nicht bestandenen Ausbildungsprüfung fragen. Aber bevor ich dazu komme, geht sie rasch in einen Schnellimbiss

und bestellt dort was für uns. Sage: „Ich hoffe, du hast nicht vergessen, dass ich Vegetarierin bin." Der Wirt hört das und verlangsamt seinen Schwung, mit dem er zwei Hähnchen auf den Tisch stellen wollte. Hatte sie also doch vergessen! Die nette Anneke, immer ein bisschen schusselig!

*Gefühl **im** Traum 1: zuerst Schreck, ertappt!*
***Danach:** sitze auf der Anklagebank.*
*Gefühl **nach** Traum 2 : alles nicht so schlimm.*
Denke, Anneke kann 2 Hähnchen essen, und ich bestelle mir einen Salat.

Deutung:
So vorsichtig, wie Lisa mit Anneke umgeht, wünscht sie, dass auch andere mit ihr umgehen, wenn sie etwas falsch macht. Denn ihr schlechtes Gewissen zeigt ihr, dass sie ihr Plappermäulchen nicht gehalten hat und ist erleichtert, als im Traum etwas Harmloses herauskommt. Lisa weiß also selbst, dass ihr schlechtes Gewissen berechtigt ist. Deshalb geht sie auch mit der netten, schusseligen Anneke so zartfühlend um, weil sie hofft, dass auch Clara, die von ihr Geschädigte, so mit ihr umgehen wird, wenn herauskommt, was sie weiter geplappert hat.

Nachstehende Träume zeigen, wie eine unverarbeitete Angst Gestalt annehmen kann (die Hintergründe des Geschehens können hier nicht aus-
geführt werden). Es sind sogar drei Träume.

Trilogie, Traum 1:
Christine träumt von einer Pension. Sie liegt
in einem fremden Bett. Jemand drückt sie
fest ins Bett und versucht, sie aus dem Bett
zu werfen.
Das gelingt auch, obwohl sie sich wehrt.
Gefühl: Wut, Angst, Hilflosigkeit,
Unterlegenheit.

Traum 2:
Eine dunkle, angsteinflößende Erscheinung
tritt an ihr Bett (diesmal ihr eigenes), drückt
sie ins Bett und würgt sie dabei. Sie ver-
sucht, zu schreien. Aber sie ist stimmlos, kein
Ton kommt heraus.
Gefühl: starke Angst und die Frage: ist das
Traum oder Wirklichkeit?

Traum 3:
Wieder im eigenen Bett. Sieht eine Gestalt,
die freundlicher ist, die ihre Hand nimmt und

sie übers Bett in die Luft hoch hinauf zieht.
Gefühl: erst Angst, dann ist es beglückend.

Deutung:
Es ist Christines eigene Angst, die sie niederdrückt.
Sie fühlt sich hilflos. Im Traum fehlt ihr die Stärke
ihres Willens. Und um diese Diskrepanz geht es:
der Wille ist stark, der Körper ist schwach. Und
daraus resultiert die Angst.

Ein Verarbeitungstraum. Sie kann sich nicht durch-
setzen, und das bringt diese Ängste hervor. Es geht
weniger um die Einzelheiten als um die im Traum
gefühlte Hilflosigkeit, gegen die sie nicht ankommt. Es würgt sie gar, die Angst.

Und so steht im Traumbewusstsein die Angst auf
und nimmt Gestalt an. Es ist Christines Angst, dass
das Leben ihr entgleitet, dass es nicht so wird, wie
sie es sich vorgestellt hat.

Traum 3 löst die Angst auf und zeigt, dass es nicht
darauf ankommt, was Christine sich vorstellt, sondern dass sie jede Situation so annehmen sollte,
wie sie ist. Im Augenblick der Annahme wird sie
angehoben. Nun kann sie sehen, dass die Angst
keine Kraft mehr hat. Die lichte Gestalt ist ihre
Seele (oder ihr Seelenführer), die sie emporhebt.

Beispiele Erkenne-dich-selbst

Erkenne-dich-selbst-Träume sind auch oft Verarbeitungsträume. Denn alles hat seinen Sinn, macht Sinn für den Träumenden. Und jeder Trauminhalt wird aus unserem Unterbewusstsein gespeist.
So verarbeiten wir im Traum das, was wir zur Seite gelegt haben, übersehen haben oder nicht sehen wollen. Und das Ergebnis hält uns den Spiegel vor.

Nachstehender Traum zeigt Ankes Ungeduld und dass sie ihr statt Zeitersparnis das Gegenteil bringt:

Kaufe in einem alten Tante-Emma-Laden in meinem Geburtsort ein. Suche händeringend noch ein Geschenk für meine kleine Tochter und einen Geburtstagskuchen.
Weil ich eilig bin, übernehme ich selbst das Eingeben in die alte Ladenkasse, komme mit dieser aber nicht zurecht. muss immer wieder von vorne eintippen. Die blonde Verkäuferin ist geduldig und nett, fragt, warum ich erst so kurz vor Feierabend komme und warum ich es so eilig habe?
Gefühl: nervös, denn je mehr ich mich beeile und anstrenge, um so weniger klappt es.

Deutung:

Zwei typische Eigenschaften von Anke: zu spät kommen und dann noch die Ungeduld ihrer Widder-Sonne. Der Traum zeigt, wie sie sich den Stress selber schafft, weil sie spät ist und dann natürlich in Eile. Aber sie hat es auch eilig, wo es gar nicht eilig ist, denn die Verkäuferin ist ja geduldig mit ihr. Durch ihre Ungeduld aber macht sie Fehler, und es dauert gerade dadurch länger.

> In Träumen sind die Gefühle oft wichtiger als die Bilder. Und diese Gefühle sind eine gute Hilfe, um den Traum zu deuten und sich selbst zu erkennen.

Die vertraute Kulisse zeigt Anke, dass das schon eine alte Geschichte bei ihr ist, von Kindheit an.

Dieser Traum ist ein einfaches Beispiel von vielen, die Anke noch in Variationen träumt. Mal ist sie zu spät und läuft hinter dem Bus her und kriegt ihn nicht. Mal wählt sie im Traum mit fliegender Hast eilig eine Telefonnummer auf einem alten Scheibentelefon und rutscht ständig aus den Nummernöffnungen heraus. Immer geht es nicht so schnell, wie sie es will. Die Träume zeigen Anke, dass sie selbst es ist, die sich Druck macht und ihren Rhythmus verändern sollte, denn sie hat die benötigte Zeit dafür.

Christel ist bekümmert über die Distanz, die sich zu ihrer Tochter entwickelt hat. Sie träumt:

Meine Tochter Kristina holt kleine Nachbarkinder ins Haus. Die spielen und machen natürlich ein ziemliches Durcheinander. Sage, dass mir das gerade nicht passt, weil Jörg (ein alter Bekannter) seinen Besuch angemeldet hat. Doch Kristina meint, dass das wohl noch dauert. Doch dann steht Jörg schon in der Tür. Ich begrüße ihn nur kurz und räume auf. Das gefällt mir aber nicht, überlege, damit aufzuhören und mich meinem Besuch zu widmen.

Gefühl: wechselt von Unzufriedenheit über Unentschlossenheit zu Entschlossenheit.

Deutung:
Die Tochter mag Jörg nicht *(er trat ihr einmal zu nahe, sagt sie).* Christel aber mag ihn und hat keine negativen Gefühle und Erlebnisse mit ihm gehabt. Mutter und Tochter haben also unterschiedliche Erfahrungen gemacht. Das ist es, was ihre beiden Lebenswege auch in anderen Punkten trennt: die verschiedenen Erfahrungen. Die Person Jörg ist nur Symbolik.

Marianne erzählt im Traum-Seminar:

Ich wurde arbeitslos, hatte Möglichkeit auf Zeitarbeit. Besprechung mit sechs Männern, die seitlich je drei und drei am Konferenztisch sitzen. Ich sitze am Kopfende *(Chefposition)*. Obwohl die Männer alle der Meinung sind, dass ich die Richtige bin, werde ich nicht übernommen. Werde wütend und werfe die Männer um. Ich bekomme kein Arbeitslosengeld. Stehe an einer Kreuzung mit Ampel.

Assoziation Arbeitslosigkeit: Hilflosigkeit
Assoziation Männer: „Naja" (klingt nicht begeistert)

Deutung:
Aus Mariannes Hilflosigkeit könnten ihr die „Naja"-Männer heraushelfen, tun es aber nicht. Wütend spürt sie ihre Kraft und wirft Tisch und auch die Männer um!
Erkenntnis: sie ist gar nicht hilflos, obwohl sie im Traum dann keine Unterstützung erhält. Der Traum zeigt ihr, dass sie an einer Wegkreuzung im Leben steht, wo sie erkennen kann, dass sie stärker ist als sie selbst es bisher glaubte.

Während der Phase, in der Christin subtil von ihrem Mann unterdrückt wurde und sie sich minderwertig vorkam, hatte sie folgenden aufmunternden Traum:

📧 Kirchliche Veranstaltung. Leute stehen auf der Straße. Ich wollte mich verbergen, fühle mich klein und stelle mich in eine Ecke. Dort öffnet sich ein riesengroßes leuchtendes Tor und eine Lichtgestalt sagt, ich solle aus der Ecke kommen, ich gehöre nach vorne.

Gefühl: angezogen von dem herrlichen Tor und der Lichtgestalt.

Christin erfährt das Bemühen ihrer Seele, sie aus Bindungen zu lösen. Hier sind es gleich zwei Bindungen, die blockieren: die Bindung an einen innerlich längst verlassenen Partner und die Bindung an dogmatische Glaubenssätze.

Deutung:
Christin ist sehr religiös, deshalb als Hintergrund eine kirchliche Veranstaltung. Jedoch stehen sie und die Leute draussen, was ihr aufzeigt, dass ihre Problematik nichts mit der Kirche zu tun hat (sie wird in ihren Entscheidungen gelähmt durch das kirchliche „Bis-dass-der-Tod-euch-scheidet").

Christin möchte sich vor den Menschen verstecken. Sie fühlt sich klein und sucht eine Ecke. Doch ihr Schutzgeist zeigt ihr das Tor zu ihrer lichten Seele und rüttelt sie wach, weil sie in einer lebensfeindlichen Ecke gelandet ist, wo sie nicht hingehört, sondern „nach vorne".

Dieses Wachrütteln wurde notwendig, damit Christin nicht weiterhin ihre Stärke verliert. Sie hat einen Steinbock-Aszendenten und direkt davor die freiheitsliebende, energische Lilith stehen, ist also ein kraftvoller Chef-Typ. Sie sollte sich weder von dem Gerede der Leute noch von einer alten, längst überholten Formel aus der Vergangenheit der Menschheit einschüchtern lassen. Um ihre Stärke zu bewahren und ihre Unabhängigkeit wieder zu finden, muss sie in sich selbst die Antwort auf ihre Fragen bezüglich ihrer längst toten Ehe finden. Die Ehe ist schon lange gescheitert, die Eheleute längst geschiedene Leute. Innerlich, aber noch nicht äußerlich. Das ist ein blockierender Widerspruch. Doch der Lebensfluss will weiter fließen und Blockaden beseitigen.

Es liegt nun an Christin, aus ihrer momentanen Lähmung herauszukommen und sich die Freiheit zu nehmen, ihr Leben so zu leben, wie sie es möchte. Sie hat ja in ihrem Schutzgeist einen wunderbaren Wegbegleiter, der ihr in großartiger Weise beisteht und Träume schickt, die hilfreich sind, typische Erkenne-dich-selbst-Träume. Christin sollte sich von ihrem eigenen lichtvollen Inneren führen lassen und nicht von äußeren Bindungen, Vorstellungen und Abhängigkeiten.

Christina, die eine nicht gewollte Trennung hinter sich hat, erzählte folgenden Traum:

> Sitze in meinem Smart, und etwas scheppert an der Beifahrerseite. Bin auf der Autobahn und fahre auf den Seitenstreifen. Gucke nach und sehe, es hat sich was am Außenblech gelöst. Und ich habe plötzlich einen dunkelblauen Schraubenzieher in der Hand. Genau da hält ein Auto neben mir, in dem ein unbekannter Mann sitzt. Ich frage mich, wieso hält der hier, wieso steigt er nicht aus und fragt mich, wieso ich hier stehe? Repariere. Als ich weiterfahren will, sehe ich auf der Beifahrerseite eine Böschung, über die kommt ein dunkel gekleideter Mann runter gelaufen, und ich *weiß*, er will mein Auto klauen.

Und ich schreie und werde wach.

Ein wichtiges Symbol:
Mit einem Auto wird der
Mensch beschrieben, die
materielle Hülle. Der Fahrer
ist die Seele, der innere Kern.

Deutung:
Wie an ihrem Auto, so ist an dem Menschen Christina im Äußeren etwas defekt, was sie selbst in Ordnung bringen kann. Es kommen zwei Männer in diesem Traum vor, der eine sitzt im Auto, der andere kommt die Böschung herunter gelaufen und wirkt dunkel und bedrohend. Damit hat sie die zwei Seiten ihres Ehemannes beschrieben. Der, der als Fahrer in seinem Auto verbleibt, zeigt sich ihr in seinem Seelenkleid und macht nichts. Er schaut nur zu. Doch seine Seele ist ihr unbekannt. Die ist selbst ein Fahrer, der auch ein Auto hat, eine äußere Hülle, einen Menschen, und der mit seinem Seelenkleid wahrgenommen wird als Zuschauer. Der aber die Böschung hinunter gelaufen kommt, dunkel, das ist der Mensch, wie sie ihn sieht und befürchtet, dass er ihr das Auto wegnimmt, also eine Bedrohung für ihren Menschen ist.

Und das will der Traum Christina sagen, dass jeder

Mensch zwei Seiten hat: die Seele und den Menschen. Was sie dem Menschen unterschiebt, kann sie nicht der Seele unterschieben. Und eine Seele hat ihr Mann eben auch. Der Mensch handelt so, wie sie es befürchtet. Seine Seele jedoch schaut zu und erkennt, dass nur ein äußerer Defekt bei ihr vorliegt, der von ihr selbst behoben werden kann. Und ihre Seele wird wohl von den Ängsten ihres Menschen berührt, aber sie weiß auch, dass das äußere Geschehen dem Menschen gilt, nicht der Seele, und vorübergehend ist.

Ergänzung durch Robert:

Zu ergänzen wäre noch, dass Christina schnell fährt. Sie fährt auf der Autobahn mit ihrem Menschen. Der Traum zeigt, sie ist aktiv. Sie tut etwas. Sie ist bereit, anzupacken, ihr Leben in die Hand zu nehmen. Aber sie wird gebremst von den Gedanken, von den eigenen und denen ihres Mannes, denn sie schickt ihm laufend Gedanken, und zwar keine guten. Und dadurch wird sie gebremst. Ihr Mensch kann davon krank werden. Ihr Mensch erfährt einen Defekt, keinen besonderen, aber doch einen solchen. Dieser Defekt wird sie aufhalten in ihrer rasenden Fahrt auf der Autobahn. Und sie wird versuchen, wieder gesund zu werden. Aber die Gesundheit kann sie nur erreichen, wenn sie von ihrem Mann frei wird, von negativen Gedanken an ihren Mann, der ihr wieder in Gedanken antwortet wie ein Ping-Pong-Spieler. Denn ihre Gedanken, die sie ihm schickt, werden von ihm durch gleichartige Gedanken beantwortet. Deshalb ist er eine Bedrohung für sie. Das ist der Inhalt des Traumes.

Mit Roberts Deutung wird auch die zur Zeit bei Christina anstehende Chiron-Wiederkehr beschrieben.

Wenn ein Planet am „Himmel" wieder auf die Stelle zurückkehrt, wo er im Geburtshoroskop steht, spricht man von der Wiederkehr des Planeten. Hier geht es um den kleinen Planetoiden Chiron, der der „verletzte Heiler" genannt wird und ein astrologisches Symbol für eine meist gefühlsmäßige Wunde ist, die noch der Heilung und Annahme bedarf.

Robert weist darauf hin, dass Gedanken krank machen können. Wir verbergen solche Gedanken wohl, doch ihre Wirkung ist dadurch nur wenig gebremst. Sie berühren uns selbst und auch den, dem sie gelten. Und wenn sie negativer Art sind, können sie bei diesem ebenfalls Gedanken negativer Art auslösen, die wie beim Tennisspiel als Gedankenbälle hin und her fliegen. Gedanken sind wohl geistiger Natur, aber sie können sich in unserem Gemüt als Belastungen ansammeln, die im Körper zum Ausdruck kommen können. Es ist also auch Selbstschutz, wenn man sich um positive Gedanken bemüht oder um Gedanken des Ausgleichs und der Annahme. Denn „das Leben (und die Gedanken) ist wie ein Bumerang. Alles kommt zurück."

Nicht immer stimmen die Gefühle mit der Realität überein, wie nachstehender Traum zeigt. Siegfried ist 75 Jahre alt, ein geistig Erwachter. Er spürt wohl, dass es eine Blockade in seinem Leben gibt, aber an den Stellen, wo er nicht lassen möchte, schaut er weg. Er träumt:

Sehe einen blütenweißen Hengst, der an meinem Blickfeld entlang galoppiert und hintendrein zwei Löwen, ebenfalls wunderbare Tiere.

Gefühl: Bewunderung für den Hengst
*   - die Löwen sind keine Feinde*

Deutung von Robert:

Der blütenweiße Hengst ist er selbst, und zwar sein Geistwesen, wie es aus den Himmeln ausgetreten ist, um in der Fallwelt seine Aufgabe im Auftrag des Lichts anzutreten. Der weiße Hengst mit seiner wehenden Mähne und Schweif ist ein Zeichen für seine hohe Geistigkeit, die er mitgebracht hat.

Wer sind nun die beiden Löwen?

Siegfried meint, es wären ebenfalls geistig strahlende Tiere gewesen wie vornweg der Hengst. Damit hat er seine Blockade berührt, den Punkt, den er nicht wahrhaben will. Seine Gefühle unterliegen hier seinem Wunschdenken. Mit den Löwen wird sein Trieb dargestellt, der dem Hengst auf Erden auf dem Fuß folgt. Der eine Löwe mit seiner mächtigen Stimme ist die Sexualität, der andere mit dem mächtigen Maul ist die Anerkennungssucht, die Siegfried hat, weil er ein geistiger Lehrer, Prophet und Heiler sein möchte. Siegfried unterschätzte bisher die Gefahren, die von diesen beiden Löwen auf den Hengst ausgehen.

Die Traumdeutung kann er annehmen und sagt nachdenklich: „Diese beiden Löwen gehen ständig neben mir her." Wir erarbeiten, dass jedoch noch in diesem Leben die Chance besteht, dass er sich von den beiden wilden Tieren distanziert.

Es ist nicht nur ein „Erkenne-dich-selbst"-Traum, sondern auch eine Handlungsanleitung für seine verbleibenden Tage geworden.

Der Sinn des nachfolgenden Traumes wird vor allem durch die Gefühlsbeschreibungen klar, die erst später erfragt wurden.

Greta erzählt:

 Mein Weg führte mich in meiner Heimatstadt Husum durch die Altstadt mit den kleinen Fischerhäuschen. An einer Hauswand-Ecke stand eine männliche Person in weißer Bekleidung, etwas unsauber, kümmerlich, kränklich aussehend. An ihm schon vorbeigehend, blieb ich dennoch stehen. Meine Gedanken: der sah doch aus wie der Papst. Ich drehte mich um und fragte, ob ich ihm helfen könnte. Er verneinte und wirkte dabei noch kümmerlicher. Ich reichte ihm meinen linken Arm zum Mitkommen. Nach einigem

Zögern ging er mit.

Wir erreichten nach kurzem Weg ein riesiges Gebäude – es wirkte wie ein griechischer Tempel – mit dicken, hohen Säulen.

Der Papst durchschritt mit mir diese offene Halle, und dann standen wir vor einem Fahrstuhl, der dem Gebäude entsprechend sehr groß war. Die Tür öffnete sich, der Papst trat ein, die Tür schloss sich ziemlich schnell, und er fuhr nach oben.

Ich wollte ihn begleiten, er ließ mich stehen, und so stand ich einen Moment fassungslos vor der großen geschlossenen Tür. Mein Blick richtete sich nach oben, und ich sah auf einer Mauer eine Inschrift mit römischen Ziffern, für mich nicht verständlich. Ich ging zurück und traf am Anfang der Halle auf eine sehr große Gestalt mit einer Kutte, die mich beobachtete. Der Mann hatte einen blonden Bubikopf, strahlend blaue Augen und lächelte freundlich. Ich fragte ihn, was die Inschriften bedeuteten. Er lächelte nur. Ich aber wollte es wissen und fragte immer wieder, bat um Erklärung. Auf einmal seine Antwort: „Er hat dich gesegnet."

Traum-Ende!

Deutung:

Gretas Seele zeigt ihr, dass sie keine gute Meinung von Papst Benedikt hat, der kränklich wirkt und kümmerlich, sogar unsauber, den sie im Traum unterstützt, begleitet, der sie aber einfach stehen lässt und sie weiter nicht beachtet.

Gretas große Seele zeigt ihr, wo sie steht. Sie ist in der Lage, diesem „großen" Mann zu helfen. Doch sie muss sich von einer Lichtgestalt sagen lassen, dass auch der Papst ihr hilft. Er hat sie gesegnet. Das ist das, was er kann. Mehr nicht.

Kein Respekt vor „großen Tieren" könnte man diesen Traum überschreiben. Warum auch?

Es sind die guten Taten, die einmal zählen werden, nicht die Titel. Der Unterschied zwischen dem Papst und Greta ist, dass er eine große Rolle in diesem Leben zu spielen hat und Greta eine kleine. Doch das sagt nichts aus über die Liebe, die jeder von ihnen entwickelt hat. Die Seele von Greta zeigt ihr im Vergleich, dass ihr Liebespotential entwickelt ist und hier zum Einsatz kommt. Ihre Seele lässt sich nicht von großen Namen und Titeln beeindrucken, aber sie übermittelt Greta auch, dass jeder das tut, was er kann.

Nach ihren Gefühlen während des Traumes befragt, beschreibt diese Greta - etwas später - wie folgt:

> *Als ich schon zwei, drei Schritte an der Person vorbei war und stehen blieb, war ich zuerst einmal ratlos, was ich tun soll. Aber da ist jemand, der Hilfe braucht, also gehe ich zurück. In der Halle hatte ich ein gutes Gefühl. Aber wieder Ratlosigkeit, als der Papst mich stehen lässt, ein Gefühl, als hätte mich jemand geschlagen, fühlte mich leer. Machtlosigkeit und Hilflosigkeit kommen auf und das Gefühl, ich kann nichts tun.*

Nun wird der Traum noch deutlicher. Denn wenn man Greta sieht, das zarte Persönchen, das eher hilflos wirkt, wird die Diskrepanz zwischen innen und außen fühlbar. Greta fühlt Machtlosigkeit, Hilflosigkeit. Das ist aber nur etwas, was ihr Mensch in seiner jetzigen Lebensrolle erlebt, was aber nichts mit ihrem Inneren zu tun hat. Denn ihr Inneres ist machtvoll und hilfsbereit. Und so zeigt ihr der Traum den Unterschied zwischen innen und außen, zwischen Seele und Mensch.

Heidi erzählt im Traumseminar einen komplizierten, detailbetonten Traum:

Ich war mit einem Kindergartenkind unterwegs, und wir sind an einen großen Maschendrahtzaun gekommen. Dort waren viele Wölfe, ein ganzes Rudel.
Gefühl: keine Angst vor Wölfen.
Doch dann hieß es, ein Wolf ist ausgebrochen, und wir sind alle wieder ins Haus gegangen, weil man nicht wusste, ob die Kinder in Gefahr sind. Und ich hab noch zum Himmel geguckt. Der war gewölbt wie in einem Planetarium, und da waren viele funkelnde Sterne am Himmel.
Wenn es heißt, ein Wolf ist ausgebrochen, hat man schon ein bissel Angst, dass der einem was tut. Ich weiß noch, da haben wir einen kleinen Karton genommen und einen kleinen Hund reingesperrt, damit der Wolf ihn frisst, dann könnten wir ihn fangen. Wir haben den Karton mit dem kleinen Hund, der darin gewinselt hat, in die Toilette gestellt, damit der Wolf da reingeht als Falle. Und dann musste ich mal unbedingt, bin auf Toilette gegangen. Und da ist das

Fenster noch ein bissel offen, und mir fiel ein, dass ja der kleine Hund da ist und dass der Wolf jeden Augenblick kommt. Dann hab ich mich ganz doll beeilt, bin wieder raus und bin in die Schule gegangen.

In der Schule war alles besetzt, keine Plätze mehr frei, und ich habe nur gefragt: wo soll ich mich jetzt hinsetzen? Da sind sie gerutscht, und ich habe mich hingesetzt. Und dann kam jemand und wollte mich schminken. Ich habe die Augen blau geschminkt (*ich schmink mich sonst nicht*), und dann kam jemand und sagte: die müssen lila sein. Also haben sie mir die Augen lila geschminkt.

Meine Traumdeutungen entsprechen meinen Empfindungen / meinen Gefühlen und sind als Wegweiser anzusehen. Den Weg zu ihren eigenen tiefen Gefühlen muss die Träumerin selbst finden. Denn es ist *ihre* Seele, die sie über Bilder führt, und ich kann nur versuchen, dies nachzuvollziehen.

Ihre Assoziation zum Wolf: ist wie ein Hund.
Ihre Assoziation zum Hund: Treue

Deutung:
Ich versuche die Deutung zuerst über meine linke, logische

Gehirnhälfte vorzunehmen.

Mir fällt auf, dass der Traum zweigeteilt ist.

Er fängt im Kindergarten an und endet in der Schule. Da der Traum keinen durchgehenden roten Faden hat, fange ich an, ihn von hinten aufzurollen. Da „sticht" direkt die blaue Bemalung der Augen „ins Auge". Blaue Augen = blauäugig. Und lila, die Kardinalsfarbe, ist die Farbe der Weisheit. Kleine Kinder, z.B. Kindergartenkinder, sehen die Welt im Detail und vordergründig, „nehmen alles für bare Münze". Schulkinder jedoch lernen Hintergründe kennen und sammeln Wissen. Dies zum Wechsel von blau zu lila.

Dann fällt mir der kleine, arme Hund auf, der doch ein Artverwandter des Wolfes ist, und dass ein Wolf wohl keinen kleinen Artverwandten auffrisst. Das würde dann bedeuten, dass das ausgesuchte Opfer keinen Sinn macht.

Dass mit einem Hund ein Wolf gefangen werden soll, symbolisiert das Wortwörtlichnehmen, die Artverwandtschaft zeigt es.

(Doch die Hirten, die früher noch mit Wölfen zu tun hatten, nahmen kleine Schafe oder Hühner und keine kleinen Hunde, um einen Wolf zu fangen. Der Hund, allerdings der ausgewachsene, war dazu da, den Wolf zu verjagen.)

An dieser Stelle komme ich mit meiner logischen Gehirnhälfte nicht mehr weiter, verstehe den Sinn nicht. Den erfahre ich, als ich den Traum in meinem Gefühl nachwirken lasse, mich also in meine rechte, gefühlsmäßige Gehirnhälfte begebe. Dort spüre ich, wie das ist, wenn man den Wald vor lauter Bäumen nicht sieht, also wenn man zu sehr auf die Einzelheiten schaut. Es geht darum, nicht alles wortwörtlich zu nehmen, sondern den Sinn zu finden. Das ist auch die Aufforderung, die dieser Traum vermittelt, nicht blauäugig, sondern lila-wissend bzw. sinnsuchend zu werden.

Die Verbindung der beiden Traumteile durch den leuchtenden Himmel weist Heidi daraufhin, wo sie Erleuchtung finden kann. Sie wird erhoben, symbolisch im Traum dadurch, dass sie vom Kindergarten in die Schule kommt. So geht sie einen Schritt weiter, lässt sich helfen,

> Wichtig ist in der Traumdeutung, alle Ereignisse, hier auch die Gefahren auf der Sinnebene, zu verstehen. In diesem Traum zeigt sich trügerische Sicherheit durch das Wegsperren hinter einen Zaun. Dann aber bricht die Gefahr aus. Welche Gefahr? Das kann nur die Träumerin selbst herausfinden.

nicht mehr die Dinge von der Ebene des Kindes aus zu sehen, also nicht mehr blauäugig zu sein.

Es geht für Heidi auch darum, dass sie ihren tieferen Sinn für die Wolfsdarstellung findet, den sie selbst in der ersten Assoziation „wie einen Hund" bezeichnet, also schon die Artverwandtschaft betont. Dann könnte sie auch herausfinden, welche ungezähmte Gefahr sie wegschließen, also abtrennen möchte.

Der Toilettengang zeigt an, dass sich Heidi im Verdauungsvorgang befindet. Sie „muss" verdauen und erkennen, dass alles eine Bedeutung hat, jedoch nicht die, die sich an der Oberfläche zeigt, sondern eine viel tiefere Bedeutung. Darauf weist ja die Farbe lila hin, die eine Steigerung zu blau darstellt. Die Farbe ist tiefer geworden. Es geht also um den Tiefgang, der ansteht, um mehr hinter die Dinge zu schauen, zu durchschauen und zu verstehen. Es geht um das Salz und nicht um die Suppe.

Die Gefahr ist oft gegeben, einen Traum wortwörtlich zu nehmen und dadurch seinen wichtigen tiefen Sinn zu übersehen.

Ein passendes Beispiel zum Wortwörtlichnehmen habe ich in dem Buch „Traumdeutung" von A. von Taxis gefunden:

Ein Ingenieur träumte, in seinem Auto mit überhöhter Geschwindigkeit zu einer Baustelle zu fahren, als an einer unübersichtlichen Stelle eine Polizeistreife auftaucht. Er versucht zu bremsen, doch schon zeigt man ihm die Kelle, und er wird an den Fahrbahnrand gewinkt.

Sogar *im Traum spürt er, wie er sich ärgert.*

Erst als der Mann zwei Tage später die gezeigte Strecke fährt, fallen ihm die Traumbilder wieder ein. Er reduziert sein Tempo, und tatsächlich kommt eine Polizeistreife vorbei. Noch denkt der Mann an Zufälle.

Doch in einem weiteren Traum träumt er, dass er kurz vor seiner Garage mehrmals ins Schleudern gerät. Am nächsten Tag auf dem Heimweg kommen ihm die Traumbilder wieder in Erinnerung, weswegen er kurz vor seiner Garage bremst und das Auto ausrollen lässt. Er stellt fest, dass sich dort unter einer dünnen Neuschneedecke eine heimtückische Eisplatte gebildet hatte. Nun gibt sich der Träumer damit zufrieden, durch den Traum viel Geld eingespart zu haben. Er nimmt die Bilder seiner Warnträume wortwörtlich (als Wahrtraum), weil sie im Tagesgeschehen ein Echo gezeigt haben.

Doch dass der Traum viel tiefer gehen möchte mit seinen Warnbildern erfährt der Träumer erst, als sein Leben ins Schleudern gerät, ihn seine Frau verlässt, und er zu trinken anfängt. Als er auch noch seinen Job verliert, sucht er therapeutische Hilfe und erkennt, welche Warnzeichen die Symbole von überhöhter Geschwindigkeit, von der verborgenen Eisdecke und dem Polizeiauto auf der Sinnebene beinhalten.

Erst sehr viel später also zeigte sich, dass diese Träume Warn- und Zukunftsträume waren (aber vor allem eine Erkenne-dich-selbst-Hilfe).

So liegt auch hinter dem Naheliegenden stets ein tiefliegender Sinn. Und um ihn geht es in unseren Träumen. Denn unsere Seele denkt tiefer und weiter als wir.

Erkenne-dich-selbst als Bilderrätsel und in Traumresten

Unter einem Bilderrätsel verstehe ich kurze Träume mit einer bildhaften Sinn-Aussage, die enträtselt werden muss. Wie so oft, ist es ein Bild, aber nur e i n Bild, welches wir aus der Bilder-Seelensprache übersetzen müssen.

Meine Beispiele:

> Ich sehe im Traum ein Bäumchen in einem zu kleinen Topf.

Die Wurzeln wollen sich ausdehnen und haben keinen Platz mehr. Der Topf ist zu klein geworden. Das passt zu meinem Gefühl, dass ich „aus alten Schuhen herausgewachsen bin".

> Ich fahre im Traum in einem kurzen, quadratischen, aber sehr hohen Auto, sozusagen in der dritten Etage. Balanceschwierigkeiten.

Wenn man sich zu hoch ansiedelt, kann man umkippen! Auf mich bezogen: die Gefahr des Umkippens ist gegeben, weil ich mich in meinem

Streben nach Ein- und Überblick zu hoch hinauf-
wage. Das betrifft vor allem die Bücher, die ich
gerade lese, die ich nicht verstehe.

📧 **Sehe im Traum ein Pult, aber der Stuhl fehlt.**

Hinweis auf eine Lehrtätigkeit, die ich noch ver-
krampft angehe. Der Stuhl ist Symbol für Nieder-
setzen / Niederlassen. Das kann ich noch nicht in
der notwendigen Gelassenheit.

Beispiele von anderen Träumern in Kurzform:

Traum: - Deutung:

➢ Leerer Stuhl mit Mandoline darunter
   - spielt nicht mehr mit.
➢ Salz wird in Suppe gestreut
   - Mahnung, nicht das Wichtigste zu vergessen.
➢ Nackter Bekannter springt in eiskalten Fluss
   - er (*sein Trieb?*) braucht eine Abkühlung.
➢ Aggressive große Pinguine
   - Warnung vor fein gekleideten Herren (*im
   Frack*) mit großen Schnäbeln (*großes Mund-
   werk*), die zerstören.
➢ Träumer sucht nach Schlösschen mit Park, hat
   Adresse vergessen

– Suche nach dem eigenen feinen, adeligen Anteil (*der Seele*).

➢ Drei Menschen reichen sich die Hände und sind wie hochgehoben
- die Erkenntnis, dass sich die Energien dieser Drei miteinander verstärken können.

➢ Träumerin schaut in Pistolenmündung: ohne Angst. Warum ohne Angst?
- Weil ihr Unterbewusstsein ihr so zeigt, dass lediglich „zurückgeschossen" wird, und zwar so, wie die Träumerin zuerst geschossen hat, in Form von Kritik mit „scharfer Munition".

Auch Traumreste können auf diese Weise gedeutet werden. Das, was noch ins Wachbewusstsein mitgenommen werden kann, ist sowieso der wichtigste Teil der Traumbotschaft.

➢ Traumrest: Aufenthalt in Schleuse (Hebewerk)
- Anhebung auf höhere Ebene steht bevor.

➢ Traumrest: Ein Bus voller Chinesen
- eine Gruppe von Menschen wird als fremd empfunden, sie kommen „chinesisch vor".

➢ Traumrest: ein Freund geht weg und weint
- er lehnt das Leben ab, trauert, will aber nicht

bedauert werden.

- ➤ Traumrest: Jugendfreund stirbt
  - Tod bedeutet Abschiednehmen, z.B. von alten Erinnerungen.
- ➤ Traumrest: Bundespräsident trinkt Schnaps
  - Verständnis für die Schwächen der „Großen", damit die eigenen Schwächen kleiner wirken.
- ➤ Traumrest: Schreck, weil nicht aufgeräumt
  - ordnen, sortieren steht an, im Äußeren wie im Inneren, auch in Gedanken.
- ➤ Traumrest: Umsteigen verpasst (*Bahnfahrt*)
  - aufpassen auf eine Wegkreuzung im Leben, auf neue Aufgaben, neue Möglichkeiten.

Beispiele Zukunftstraum

Zukunftsträume bzw. Déjà-vu-Erlebnisse sind nach Sylvia Browne (amerikanische Hellsichtige) Wegmarken aus dem Lebensplan: *„Was wir gemeinhin als Déjà-vu-Erlebnisse bezeichnen, ist nichts als das Stolpern über eine jener kleinen Wegmarken, die wir uns selbst in der himmlischen Heimat setzten – die wunderbare Erfahrung, uns für einen kurzen*

Moment an unseren Lebensplan zu erinnern und uns auf diese Weise darin bestätigt sehen, dass wir im Tritt mit dem Spielplan sind, den wir so sorgfältig ausgearbeitet haben."

Dazu fällt mir der Traum einer Freundin ein, mit der ich, zusammen mit unseren beiden damals noch kleinen Töchtern, einen Urlaub in einem Ferienhaus in Dänemark verbrachte.

Die Kinder wollten Spielsachen im Keller holen und gingen mit Ute hinunter. Sie kamen gemeinsam wieder hoch und weil die beiden Mädchen etwas vergessen hatten, gingen diese nochmals die Treppe hinunter und dann wieder herauf zu mir und meiner wartenden Freundin. Und dann ihr Schrei! Was war geschehen?

Beim zweiten Hinauflaufen hatten die Kinder die Reihenfolge gewechselt, und erst jetzt kamen sie zu Ute so hoch, wie diese es in einem Traum schon einmal gesehen hatte. Die Reihenfolge beim ersten Mal hatte in Ute keine Erinnerungen ausgelöst. Aber beim zweiten Mal legten sich die Bilder exakt übereinander. Ein Traum war Wirklichkeit geworden!

Wir fragten uns, was das wohl zu bedeuten hätte? Schließlich war es nichts Außergewöhnliches, dass zwei kleine Mädchen eine Treppe hinaufgehen, auch wenn der Traum drei oder vier Jahre alt war, also geträumt wurde, als die Beiden noch Babys waren und Ute meine Tochter noch gar nicht kannte.

Am nächsten Tag sollten wir dann erfahren, welch markanter Punkt bereits auf diese Weise im Unterbewusstsein von Ute eingezeichnet war: meine Freundin erhielt am frühen Morgen den Anruf, dass ihr Mann am Vortag verstorben sei!

Sie hatte wohl nicht konkret geträumt, dass ihrem Mann etwas zustoßen würde. Im Traum war ihr jedoch schon Jahre vorher dieser wichtige Zeitpunkt gezeigt worden. Indem das eintraf, was Ute geträumt hatte, war sie vorbereitet worden auf ein wichtiges, ungewöhnliches Ereignis.

Bei diesem Zukunftstraum fällt die exakte Strukturierung auf. Hier gibt es keine Symbolik, kein Gleichnis, kein Bilderrätsel, hier wurde ein Zeitpunkt markiert durch Synchronizität paralleler Ereignisse.

Der folgende Zukunftstraum ist wieder in die üblichen sinnhaften Bilder-Gleichnisse verpackt, und deshalb habe ich ihn lange Zeit nicht verstanden. Denn die damalige Deutung konnte ich nur teilweise annehmen. Doch damals – es mag wohl etwas vor 1980 gewesen sein – hatte ich mich noch nicht mit Träumen beschäftigt. Aber ich habe geträumt! Und dieser nachstehende Traum war so klar, dass ich ihn noch heute beschreiben kann. Vorgeschichte:

Wegen körperlicher Beschwerden, die mich ergebnislos eine Arzt-Odyssee hatten durchlaufen lassen (und dabei handelte es sich ausschließlich um Magnesium-Mangel, wie sich erst Jahre später herausstellte), wurde ich von den ratlosen Ärzten zu einer Psychotherapeutin überwiesen. Die fragte mich gleich beim ersten Besuch, was ich in der letzten Nacht geträumt hätte. Sie fragte nicht, ob, sondern was, so sicher war sie, dass meine Seele ihren (Traum-) Teil beitragen würde. Nun, tatsächlich, ich hatte einen dieser klaren Träume gehabt, die unvergessen bleiben:

Ein weißer Mercedes fährt über die Straßenböschung hinaus in den Abgrund und geht in Flammen auf. Ein Mofa fährt vorbei, und ich schwinge mich auf den Rücksitz. Vorne sitzt die Lollobrigida. Wir gehen zusammen in einen sehr kleinen Einkaufsmarkt. Mir ist das peinlich: die Lollobrigida klaut! Ich spreche sie daraufhin an. Deswegen wird der Mann an der Kasse aufmerksam. Sie aber kümmert sich nicht darum. Ich befürchte, dass der Kassierer sagen wird: „Mitgegangen – mitgefangen – mitgehangen!" Deshalb laufe ich davon, und als ich die Polizeisirene höre, laufe ich um so schneller. Ich laufe in einen Hof, der von großen Mauern umgeben ist und verstecke mich im Stall bei den Ziegen. Hier fühle ich mich in Sicherheit.

Die Deutung der Psychotherapeutin:
Dies wäre der Ablauf der verschriebenen Psychotherapie: ich würde mich, vom Statusdenken geheilt, der Natur zuwenden und dort meine Aufgabe finden.
Aber so kurzfristig ist Wandlung nicht möglich. Heute erst sehe ich ein, dass der Traum damals einen Teil meines Lebensweges beschrieb.
Hätte mich die Therapeutin nach meinen Assoziationen zu den Traumthemen gefragt, wäre ihre Traumdeutung noch detaillierter ausgefallen.

Meine – *heutige* - Symbolspontandeutung:

Weißer Mercedes - Angeber
Mofa: - so kommt man auch voran
Lollo: - attraktive Frau, macht was her
Klauen: - erwischt werden / Energieklau
Ziegen: - daheim bei Oma.

Mein – *heutiges* – Resümeebild*):
Baum wird gefällt und fällt um.

Mit dem - erst heute erwünschten - Resümeebild
ist im Grund schon alles gesagt: der Baum der
Erkenntnis wird gefällt und sagt aus: die alte Eva
lebte vom Energieklau!
Vielleicht noch die Ergänzung, dass ja nicht nur
Schauspieler von der Energie anderer leben (diese
vom Beifall ihres Publikums). Auch z.B. ein
Angeber lebt vom Energieklau und jeder, der ein
unterentwickeltes Selbstwertgefühl hat.
Doch Geborgenheit und ein besseres Leben finde
ich bei den Tieren. Sie sind hier wie meine Großmutter, die Ziegen hatte, das Symbol für Beschei-
denheit und Genügsamkeit. Natürlich ist es auch
ein Erkenne-dich-selbst-Traum.

*) Resümeebilder sind eine Traum-Zusammenfassung –
siehe Seite 172 (Traumdeutung für Fortgeschrittene).

Ein Zukunftstraum von Elisabeth:

Kleines Boot landet, wird an Strand gezogen. Josef und ich gehen durch das Fischerdorf hinauf zu einer kleinen Kapelle. Von dort schauen wir auf das Meer, das sich verfinstert. Blitz und Donner! Und im Blitz kurz zu sehen ein Schiff, das kentert. Strömender Regen! Aber wir werden nicht nass. Wir gehen nun den Berg hinauf, legen unsere Umhänge ab. Ich werde immer jünger, habe wieder lange Zöpfe.

Anfangs das Gefühl, rechtzeitig gelandet zu sein. Zum Schluss befreiendes Heidi-kommt-nach-Hause-Gefühl (Kinderfilm).

Deutung:
Eine Vorschau. Das Dorf ist nicht wichtig. Elisabeth und Josef gehen hindurch. Aber die Kapelle, der Glaube, zieht an. Und obwohl die Unwetter ausbrechen, und es in Strömen regnet, werden sie davon nicht berührt und auch nicht nass. Sie gehen ihren Weg weiter, den Berg hinauf. Die Umhänge, die sie ablegen, zeigen wohl das Ende des materiellen Lebens an. Die Hüllen fallen. Im Seelenkleid sieht sich Elisabeth wieder als Kind Gottes

und erlebt das befreiende Gefühl, nach Hause zu kommen.

Nicht immer dauert es bis zum Ende des Lebens, bis sich die Zukunft so zeigt, wie sie im Traum erkannt wurde. Im Dezember 2008 träumte Anja:

Treffe aus der Firma, wo ich meine Lehre gemacht habe, die beiden Chefs. Sie wollen mich wiederhaben. Das freut mich. Doch als ich ihnen erzähle, was ich inzwischen noch alles gelernt und gemacht habe, hören sie kaum zu.

Gefühl: die wollen die alte Anja, nicht die von Heute. Für die interessieren sie sich gar nicht.

Im Gefühl lag schon die Deutung. Kurze Zeit später ruft eine alte Kollegin aus der Lehrzeit an, die Anja 40 Jahre nicht gesehen hatte. Die erzählte, dass sie bis zu ihrer Pensionierung Chefsekretärin gewesen sei. Neben Tratsch und Klatsch redet sie nur von ihrer und Anjas Vergangenheit, will gar nicht wissen, was diese heute macht. Und wie im Traum besteht kein Interesse an der Anja von Heute. Anja macht einen Test, ruft zurück und erzählt von ihrer Weiterbildung. Doch die Kollegin hört ihr kaum zu, ergänzt aber ihren eigenen Bericht noch durch die Aufzählung, wer schon alles gestorben sei.

Nach der ersten Freude, das „junge Mädchen" von damals heute als gereifte Frau reden zu hören, kommt bei Anja Traurigkeit auf über den Inhalt des Gesprächs: Heirat, Kinder, Krankheit, Tod – soll das der Sinn des Lebens sein?

Da hier Vorbereitungstraum und eingetroffene „Zukunft" jedoch nur eine Woche auseinanderliegen, gehe ich davon aus, dass damit erst der Anfang gemacht wurde, damit sich für Anja der Kreis zur Vergangenheit schließt und dass das Thema noch tiefer gehen wird.

Meine Tochter Anuschka träumte im Frühjahr 09, zu der Zeit, wo ihre Zwillinge neun Monate alte Krabbelkinder waren und die Älteste ein Kindergartenkind von 3 ½ Jahren:

Viel Wasser – ich weiß, dass eine Naturkatastrophe kommt, eine neue Sintflut. Und alle bereiten sich darauf vor. Ich überlege, wie ich mich vorbereiten kann und wie ich meine drei Kinder retten kann. Ich habe nur zwei Arme! Wen halte ich fest? Muss ich mich entscheiden? Wie wird das dritte Kind gerettet, das ich nicht halten kann?

Ins Wachbewusstsein übergehend vor allem Gedanken bezüglich der Rettung. Mein Mann kommt im Traum nicht vor, und meine Sorge gilt nur den Kindern. Es beruhigt mich der Gedanke, dass es so kommen wird, wie es kommen soll, und ich nichts dagegen und nichts dafür machen kann. Was bleibt, ist die Angst dennoch um das dritte Kind, welches auch immer.

Deutung:

Bilder einer möglichen Zukunft, was sein könnte. Aber die Kinder sind im Traum so klein wie in der Gegenwart. Das passt nicht zusammen, weil in der Zukunft die Kinder größer sein werden, vielleicht schon schwimmen können, vielleicht schon erwachsen sind. Und so, wie sich Anuschka nicht vorstellen kann, wie ihre Kinder, älter und größer geworden, einmal aussehen werden, so ist die Erwartung einer Naturkatastrophe in diesem

Traum auch nur etwas, was sie sich noch nicht richtig vorstellen kann. Das heißt: es ist kein tatsächlicher Zukunftstraum, sondern Angst vor der Zukunft.

Es ist vor allem ein Verarbeitungstraum, der ihre Sorge widerspiegelt, dass sie nur zwei Arme hat und nicht drei Kinder tragen kann. Und das ist für Anuschka im Moment (!) eine Katastrophe.

Auch Dorle macht sich Sorgen um ihre Zukunft. Sie wird mit folgendem Zukunftstraum beruhigt:

Ich zeige Freunden meine neue, große Wohnung. Sie ist gediegen und großzügig eingerichtet, hat sogar Gästezimmer. Nur in diesem Bereich ist noch etwas Unordnung. Wechsel: Habe mich entschlossen, wöchentlich einen halben Tag in meiner alten Firma auszuhelfen. Es wird bestimmt, dass nur noch ich und meine alte Kollegin die Frankiermaschine bedienen dürfen. Denn es wurde festgestellt, dass dadurch viel Geld eingespart wird, weil nur wir Beide das zuverlässig machen.

Gefühl: Die Unordnung im Gästezimmer verursacht mir Unbehagen, die Ordnung im Büro macht mich stolz.

Deutung:

Die große Wohnung zeigt die Bewusstseinserweiterung an, die bereits begonnen hat. Dorle ist bereit, viele aufzunehmen und zu beherbergen. Doch die Unordnung im Bereich der Gästezimmer weist auch daraufhin, dass dort noch aufgeräumt werden muss, damit Herbergssuchenden ein Bett gemacht werden kann, in dem sie sich geborgen fühlen können. Dorle erkennt selbst: „Mein negatives Denken muss ich ändern, nicht misstrauisch sein, sondern die Menschen positiv sehen und annehmen."

Im beruflichen Bereich wird ihre Hilfsbereitschaft, ihre Zuverlässigkeit und Ehrlichkeit bereits geschätzt.

Dorle ist nun zuversichtlich, dass sich die symbolische Darstellung ihrer Zukunft auch im Äußeren umsetzen wird, d.h. aus inneren Bildern äußere Bilder werden. Vor allem freut sie sich, dass sie gebraucht wird.

Dieser Traum von Horst ist eine Situationsbeschreibung und ein Ausblick in die Zukunft:

Es ist dunkel, grau in grau. Eine riesige Höhle bzw. wie ein gemauerter Tunnel. Dachte, ich sitze in einem Fahrzeug, konnte in dieses von außen hineinschauen und sehe mich auf einem Stuhl in einer Kugel aus Glas sitzen. Es regnet sehr, Flutwellen, flüchtende afrikanische Tiere. Die prallen aber an der Glaskugel ab und sind dann wie benebelt und benommen. Bin in die Höhle reingegangen, wo gesichtslose dunkle Wesen sind mit Hüten, langen Mänteln. Schwarz in schwarz. Dann fühle ich mich auf einem großen Ozean. Als ich den dunklen Leuten näher komme, drehen sie sich von mir weg, drehen sich um.

Deutung:
Der Traum schildert die augenblickliche Situation von Horst, seinen Entwicklungsprozess.
Unsere Welt entspricht dem Tunnel und den dunklen gesichtslosen Gestalten, die Horst aber nicht sehen können, weil er in diesem Entwicklungsprozess für sie nicht sichtbar ist.

Dieser Vorgang kann zu einer Art Neugeburt führen. Wenn Horst diese Entwicklung bejahen kann, werden die wilden Tiere (sie sind Symbole für menschliche Gestalten, die sich wie wilde Tiere benehmen auf dieser Erde) an ihm abprallen, sozusagen an der Gebärmutter, der Kugel, die ihn schützend umgibt. Sein Entwicklungsweg führt ihn aus einer niedrigeren Schwingung (aus dem Schwingungsfeld seiner Kindheit) in eine gehobenere Schwingung. Der Schwingungsunterschied trennt ihn von den Menschen, die sich wie Tiere benehmen und auch von denen, die diese Welt im Hintergrund beherrschen, die er als dunkle, gesichtslose Gestalten mit Hüten und langen Mänteln sieht *(Typ Mafia?)*. Sie sehen ihn einfach nicht mehr, können ihn nicht mehr wahrnehmen und ihn auch nicht mehr gefährden, weil er in einer anderen Frequenz schwingt, die ihre Augen nicht erfassen können.

So ist er heute an einem Punkt angekommen, wo er den Weg in eine höhere Schwingung gestalten kann, bewusster gestalten kann. Denn der Gebärvorgang ist vorbereitet. Und wenn er annehmen und bejahen kann, dass er selbst es ist, der neu geboren werden soll, dann kann er diesen Vorgang positiv beeinflussen.

Die Flutwellen, der Ozean, sind Gefühlssymbole, die noch gewaltig erscheinen, die aber dazu gehören, ihn hinaus zu schwemmen aus seiner geschützten Embryohaltung, aus dem Fruchtwasser hinaus ins Licht eines neu zu gestaltenden Lebens.

Robert noch dazu:
Er war bisher beeinflussbar von diesen Dunkelmännern. Doch nun hat er sich entfernt und sitzt in der Gebärmutter, aus der er wie durch eine Glaskugel hindurchschauen kann. Er bzw. sein geistiges Wachstum ist beschützt.
Der Traum fragt, ob er diesen Prozess des geistigen Wachstums bejahen kann? Will er als neuer Mensch geboren werden, in ein neues Leben hineingeboren werden, ohne dass er seinen Körper ablegen muss? Dann sollte er seine Entwicklung wach bejahen. Dann können ihn keine wilden Tiere zerfleischen und die niedrig schwingenden Dunkelmänner können ihn nicht mehr sehen, wenden sich von ihm ab, sind nicht mehr Teil seiner Welt.

Schon eine Woche später kommt ein Anruf von Anuschka: in einem weiteren Traum sei die Fruchtblase bei Horst geplatzt. Also hat Horst mit einem

„Ja" die Fahne zum Start gehoben für einen
Geburtsvorgang, der nun seinen Anfang nimmt.

Anke, die auch Astrologin ist, träumte im Mai 09:

Im Traum habe ich Zugang zu alten Schriften,
in denen die apokalyptischen Katastrophen
dargestellt sind. Ich weiß, dass ich das mit
den jetzigen Planetenaspekten beweisen
kann. Jemand sagt mir, ich soll dies als innere und äußere Umwälzungen beschreiben.

Anke deutet spontan den Traum als eine interes-
sante Aufgabe, auf die sie schon lange gewartet
habe. Jetzt wolle sie gleich loslegen und sich auf
die Suche nach den alten Schriften machen. Ihr
eifriges Tempo irritiert. Ich überlege, dass Wichtiges eine systematische Vorbereitung braucht und
wir früh genug vorbereitet werden von unserer
Seele. Und: auf welcher Ebene spielt sich dieser
Traum ab? Realität oder Symbolik? Innen oder
außen? Oder beides?

Schon einen Tag später erhält Anke im Traum eine
kleine Korrektur:

Jemand sagt mir im Traum, dass ich ein Jahr Zeit für eine Ausbildung als Gärtnerin für Deutschland, Österreich, Schweiz und Liechtenstein habe.

Deutung:

Nun klärt sich der erste Traum auf als noch in der Zukunft liegende Tätigkeit. Die Gärtnerlehre, mit der Anke gar nichts anzufangen weiß, deutet auf eine Zeit der inneren Ausbildung hin, vorgesehen für eine Samenlegung im deutschsprachigen Raum. Aus einem inneren Vorgang kann auch ein äußerer Vorgang werden, wenn Anke Geduld hat und sich ihren alten zugeschütteten Erinnerungen zuwendet, die in ihr darauf warten, aufgeblättert und erklärt zu werden. Dann kann sie viele Menschen, die die Nachrichten über die Zukunft skeptisch sehen, über die Astrologie zu Verständnis und Einsicht führen.

Dies ist ein Vorbereitungs- und Zukunftstraum, der die vorschnelle Deutung des ersten Traumes in einem zweiten korrigiert und um Geduld bittet. Auch Astrologen müssen sich immer weiterbilden, und der Zugang zu inneren Schätzen ist für jeden wie eine Belohnung – vielleicht in einem Jahr. Vielleicht dauert es aber auch länger (das wird

Ankes Ungeduld strapazieren!). Zeitangaben im Traum sind immer mit Vorsicht zu genießen. Denn die Seele hat andere Zeitvorstellungen als wir.

Beispiele Warntraum

Ramona erzählt:

In der Nacht vor einem Reiki-Seminar träumte ich, am Main an einer Anlegestelle auf einen Schlepper (Kahn) zu gehen. Mein Mann und meine Töchter blieben am Ufer. Ich ging nach vorne an die Spitze des Schiffes, konzentrierte mich und achtete genau auf den richtigen Zeitpunkt, damit ich mich nicht verletzten würde. Dann sprang ich ins Wasser, tauchte unter dem Boot entlang, bis ich auf der anderen Seite wieder heil empor tauchte.

Deutung:

Mit diesem mutigen, tollkühnen Sprung ins Wasser zeigt Ramonas starke Seele, dass sie das kann: springen, eintauchen und unbeschädigt wieder auftauchen. Das Seminar verließ Ramona bald. Sie ist wohl vorübergehend „mit ins Boot genommen worden", ist in die Thematik eingetaucht, aber auch unbeschadet wieder aufgetaucht.

So ist es geschehen. Ramona hat wohl kurz teilgenommen, hat aber das Gelernte nie angewandt. Es war nicht für sie geeignet.

Frank, der noch vor zwei Wochen, als wir über Träume sprachen, behauptete, er träume nie, hat überraschend diesen symbolträchtigen, zukunftsweisenden Traum:

Er geht mit seiner Familie auf ein Fest, und da sind Menschen mit Schlangen, die aber mehr eine Schau damit machen.

Sein Gefühl den Schlangen gegenüber ist nicht negativ, er hat keine Angst.

Dann kommt er den Schlangen zu nahe und wird einmal gebissen, der jüngste Sohn sogar zweimal. Er saugt sofort die Wunden aus, doch der Kleine stirbt.

Und dann kommt ein Reh oder Hirsch, die restliche Familie steigt auf und sie fliegen davon, was als angenehm empfunden wird.

Gefühl am Schluss: Bedauern, dass der Jüngste nicht dabei war.

Deutung:
Es gibt viele Deutungen für die Schlange, z.B. die Versuchung bzw. Vertreibung aus dem Paradies oder einfach: Achtung, Gefahr - hier sogar Lebensgefahr.
Was aber bedeutet Lebensgefahr auf einem Fest?
Hier könnte es um die Bedeutung des Wortes Leben gehen - was bedeutet wahres Leben?
Ein Fest ist Ausdruck von Freude, aber auch von Veräußerlichung, kann Zeitvertreib, aber auch Zeitvergeudung bedeuten. Der Traum könnte also vor Zeitvergeudung warnen und sie als Gefahr für ein lebenswertes Leben darstellen.
Und dann Franks Äußerung „zu nahe gekommen", dieser Gefahr zu nahe gekommen zu sein - das ist die Folge von Unachtsamkeit. Der, der nicht schaut nach dem wahren Leben, der kann unachtsam sein.
Und so geht es in diesem Traum nicht um Leben und Tod, sondern um den Hinweis auf ein erstrebenswertes Leben und um Achtsamkeit, um einen bewussten Umgang mit dem Leben, mit einem sinnvollen Leben. Und nicht um den

„Un-Sinn", auf Festen seine (Lebens-) Zeit zu vergeuden.

Der fliegende Hirsch ist ein Fabeltier, und das Reh ist das Tier des Waldes.

So werden die Gegensätze aufgezeigt: auf der einen Seite der Leichtsinn, die Unachtsamkeit, dargestellt durch Fest und Versuchung – auf der anderen Seite: die Liebe zur Natur. Frank hat beides in sich. Und die Liebe zur Natur oder die Liebe allgemein ist das, was davonfliegen lässt, wie der geistige Teil, der zu jedem Menschen gehört.

Die Botschaft von Franks Seele war also die Warnung vor Veräußerlichung und Unachtsamkeit und die Verheißung, dass durch die Liebe zur Natur seine Seele auffliegen und Bewusstseinssprünge machen kann.

Hier wurden von Franks Seele die archetypischen, kollektiven Symbole für die allgemeine Beschreibung des Menschseins ausgewählt. Damit wurden ihm jedoch individuell die Möglichkeiten unterschiedlicher Lebensweisen vor Augen geführt, die ihm zeigen, wo das eine und das andere hinführt. Er kann sich zwischen beiden entscheiden.

Der Traum von Karl ist in verschiedene Teile zergliedert, die zusammen wichtige Stationen für seine Zukunft darstellen. Sie zeigen ihm, dass seine unterschwelligen Sorgen vergehen werden.

Es regnet stark, bin mit Sack und Pack angekommen und habe meine Sachen gerade so noch unters Dach gekriegt. Ein Mann drängt die untergestellte Menge etwas zurück, so dass ich auch noch Platz finde.

Später sitze ich mit einem Mann am Tisch. Er holt eine zerknüllte Zigarettenschachtel aus der Tasche und bietet mir eine Zigarette an. Ich sage: „Hier ist doch sicher Rauchen verboten." „Ja, sonst schon" erwidert er, „aber der Chef hat es zum heutigen Fest erlaubt." Ich nehme mir eine Zigarette. Sie ist ohne Filter und das Papier teilweise aufgeschlitzt.

Danach sitze ich in einem Schulungsraum, zusammen mit einem Mädchen, das ich verehre. Wir theoretisieren. Sie redet wie ein Buch an einem Stück, und ich verstehe sie schlecht. Sie steht auf und holt Zigaretten. Bietet mir eine an. Ebenfalls ohne Filter.

Dann kommt eine Zweite dazu und sucht zu

stören. Auch sie verehre ich, sagen wir als Nr. 2. Aber sie geht wieder wütend weg, weil meine Nr. 1 sie nicht zu Wort kommen lässt. Ich renne hinterher, aber sie lässt sich nicht aufhalten.

Zum Schluss ein Bild: wir Drei haben uns an den Händen und tanzen in großer Freude.

Deutung Robert:

Karl wird den Sturm und den Regen dieser Welt verlassen und dort unterkommen, wo er hingehört und wo man ihm Platz macht. Die angebotenen filterlosen Zigaretten stellen die kleinen Versuchungen dar, denen sein Mensch weiterhin ausgesetzt sein wird und die seine Waage-Sonne braucht, um das Entscheiden zu üben.

Die Freundinnen in der Schule (des Lebens), die Karl beide verehrt, lieben ihn beide. Noch sind sie eifersüchtig aufeinander und bequatschen ihn. Es handelt sich um seine beiden Ehefrauen. Im Traum ist die erste, geschiedene Ehefrau die Nr. 2 und die zweite Ehefrau seine Nr. 1. Es könnte Friede sein, wenn sich die beiden Frauen vertragen würden. Dass das eines Tages sein wird, zeigt das verheißungsvolle letzte Bild.

Warnträume und Zukunftsträume sind auch Vorbereitungsträume. Unsere Seele möchte auf Kommendes vorbereiten. Sie ist zeitlos und nicht begrenzt wie wir Menschen in Vergangenheit und Zukunft. Deshalb will und kann sie uns vorbereiten auf die Zukunft, wenn diese problematisch zu werden scheint. Und das war bei Sylvia der Fall, als ihr Mann in Kur fuhr. Es kam so, wie es nach vielen Ehejahren kommen kann, ein Kurschatten stellte sich ein und erhob Forderungen. Sylvia aber hielt fest, was nicht verwunderlich ist bei einer so starken Erdbetonung (doppelter Steinbock, d.h. Sonne und Aszendent im Steinbock-Zeichen). Doch die Verletzungen und der Kummer waren groß, und wenn ihr Sohn ihr nicht beigestanden hätte, wäre sie vielleicht untergegangen. Darauf wollte ihre Seele sie vorbereiten.

Sylvia erzählt ihren Traum:

> Mit meinem Sohn an der Hand springe ich in einen tiefen Brunnen. Unter Wasser! Mein Sohn sagt, wir müssten durchtauchen, um wieder Luft zu kriegen. Und das machen wir, durch eine Höhle hindurch. Während des Tauchvorgangs bin ich aufgewacht.

Gefühl: keine Angst, und erstaunlicherweise kann ich tauchen, tief und weit.

Deutung:

Das war wohl die Botschaft von Sylvias Seele:

Du wirst in den tiefen Brunnen der Verzweiflung stürzen, doch dein Sohn begleitet dich und weiß die Lösung, damit du nicht untergehst, sondern nur untertauchst. Das Wasser deiner Gefühle wird wohl über dir zusammenschlagen, doch es kommt auch die Zeit, wo du wieder Luft bekommst.

Doch im Traum ist der Tauchvorgang noch nicht abgeschlossen. Die Seele lässt mit ihrer Botschaft das Ende offen. Denn Sylvia hat den freien Willen, und ihr Mann auch. Nach einem Jahr heftigen Ringens hat er sich für seine Ehefrau entschieden und ist ihr heute dankbar, dass sie durchgehalten hat und bestätigt ihr, dass sie für ihn den notwendigen Halt darstellt.

So ist das mit den Steinböcken, sie können Halt und Stütze sein für ihre Umgebung. Doch im Wasser der Gefühle sind sie hilflos. Da müssen sie durchtauchen, um wieder festen Boden unter die Füße zu bekommen, um wieder eine feste Schulter zum Anlehnen werden zu können.

Noch ein Traum von meiner Tochter Anuschka, der Krankenschwester. Sie erzählt:

Ich träume oft, im Krankenhaus Nachtdienst zu machen. Da sind zwei Flure, die ich betreuen muss. Schaffe aber nur einen Flur. Und schon kommt der Frühdienst, die Nacht ist vorbei. Als ich die Kurven übergebe, fällt mir heiß ein, dass ich nur eine Seite geschafft, die andere aber vergessen habe. Überlege, geb ich's zu oder sage, alle hätten geschlafen? Und Gedanken: was ist, wenn was passiert ist dort, wo ich nicht war?

Wiederkehrende Träume mahnen etwas an. Es können auch Warnungen der Seele sein, ein Problem zu erkennen und wie hier, eine Seite des Lebens nicht zu vergessen.

Deutung:
Fehlende Pflichterfüllung / eine Unterlassung / Hilfsbedürftige vergessen zu haben: vor etwas aus diesem Bereich warnt die Seele. Natürlich ist es auch ein Verarbeitungstraum aus der momentanen Überforderung heraus, weil Anuschka nicht alles

schaffen kann, was im Moment zu schaffen wäre. Aber ihre Seele bleibt hartnäckig, sieht eine zweite Seite, die nicht vergessen werden sollte. Da Anuschka im Traum den zweiten Flur vergessen hat, geht es wohl um einen Teil in ihrem Leben, den sie aus Arbeitsüberlastung nicht beachtet. Mit diesen Träumen will das Vergessene oder Verdrängte ins Tagesbewusstsein gelangen.

Levke, ebenfalls Krankenschwester, arbeitet wieder in ihrem Beruf, ist aber noch nicht zufrieden mit ihrer Arbeit. Nun stellt man auch noch eine Zyste an ihrem Eierstock fest. Dazu sagt sie jedoch vernünftig, dass sie ihrem Körper vertraut, dass er aufmerksam ist und sich „kümmert"...
Eine großartige Einstellung, aber wie es drinnen aussieht, ist dann doch wieder etwas anderes ...
Die ins Unterbewusstsein geschobenen Gefühle und Ängste werden im Traum bewusst gemacht. Levke beschreibt es so:

Ich lag auf der Station, auf der ich zur Zeit arbeite und erhielt eine Zytostatikatherapie, weil ich an Krebs erkrankt war. Die ganze

„Wahrheit" über die Schwere meiner Erkrankung drang erst nach und nach zu mir durch. Mein Mann war bei mir und einige Kolleginnen von meiner Station. Zwischendurch sah es so aus wie in der Medizinischen Hochschule in Hannover, wo ich in den 80iger Jahren als Krankenschwester gearbeitet hatte. Dann sah ich mir Fotos von unserer Silberhochzeit an und erblickte ein Foto, das nicht dazu gehörte. Ich lag auf einer Liege oder Sofa. Das Foto war in Schwarz-Weiß. Ich bat dann meine Tochter, das Foto nachmachen zu lassen und es meinem Mann zu geben, wenn ich gestorben sein würde. Außerdem schrieb ich in Spiegelschrift das Wort „Adieu" darauf.

Ich erwachte so traurig, weckte meinen Mann und erzählte ihm den Traum. Dabei weinte ich bitterlich.

Deutung:
Die Gefühle im Traum spiegeln Levkes momentane Grundeinstellung und die Gefühle, die ins Unterbewusstsein geschoben sind: Unzufriedenheit, Traurigkeit. Da kann dann auch die momentane, sich langsam verbessernde berufliche Situation nur als Tünche angesehen werden, weil unten drunter

noch etwas schwelt. Wenn die Seele die Traurigkeit im Traum vorführt, hier als Angst vor Krankheit, dann will sie damit auch etwas bezwecken, nicht nur zeigen, dass im Untergrund noch Traurigkeit vorliegt. Es ist also auch ein Warntraum, der korrigieren möchte.

Und gerade dadurch, dass Levke das Foto, das ihr auffällt und das sie aussortiert, selbst als Schwarz-Weiß-Foto bezeichnet, kann sie erkennen, dass sie ihre Welt noch in Schwarz-Weiß einteilt. Das heißt vereinfacht in Gut und Böse, in Schön und weniger Schön, in Erfolgreich und nicht Erfolgreich.

Aber es geht in ihrem Fall nicht vereinfacht um eine Schwarz-Weiß-Einteilung, sondern um die Nuancen, die sie erkennen sollte, die ihr sagen wollen, dass sie noch dabei ist, zu lernen. Auch wenn sie noch nicht den gewünschten Erfolg hat und noch nicht die Stellung, in der sie sich wohlfühlt - sie ist auf der Reise dorthin. Und auf dieser Reise sind viele Eindrücke, die sie zu verarbeiten hat. Sie ist also in ihrem Leben noch nicht angekommen an ihrem Ziel. Und darum sollte sie für ihr Wohlbefinden auf dieser Reise ihre abbauenden Gedanken ändern, nicht: „Ich bin krank bzw. ich habe nicht erreicht, was ich wollte", sondern aufbauend: „Ich bin auf der Reise zu meinem Ziel". Und dass sie sich nun zurücklehnt und schaut, wie wenn sie unterwegs in einem Zugabteil sitzt und schaut, was rechts und links alles vorbeifliegt, was sie berührt; dass sie beobachtet, wo sie aussteigt, wo sie wieder einsteigt. Alles das, was sie erlebt, sind Unterwegs-Erlebnisse. Und die sollte sie lernen einzuordnen.

Also wenn sie von Krebskrankheit träumt, dann sollte sie sich überlegen, ob eine Depression, aus der eine Krebskrankheit erwachsen kann, weil man sich aufgibt, wirklich im Moment zeitgemäß ist für sie. Es ist altersbedingt, dass sie meint, sie müsste ihr Lebensziel schon erreicht haben. Aber sie sieht an ihrer beruflichen Situation, dass es noch nicht der Fall ist. Und so sind auch die Gedanken an Krankheiten und Abschied fehl am Platze.

Sie kann wieder fröhlich werden, wenn sie sich ihre Reise unter dem Aspekt „interessant, neu" anschaut. Was erlebt sie im Moment, was lernt sie zur Zeit? Das passt besser zu ihrer zukunftsgerichteten Wassermann-Betonung (fünf Planeten im Wassermann im 10. Haus der Berufung !)

Und dann – das ist das Schwierige für viele Menschen und auch für Levke –, dass sie sich hineingibt in das, was sie erlebt, was vor ihr liegt und sich vom Strom des Lebens vertrauensvoll tragen und führen lässt. Um im Zug-Beispiel zu bleiben: dass sie ihre Reise bewusst fortführt und sich als unterwegs fühlt. Wenn sie das Ziel erreicht hat, wird sie es wissen: dann kommt das erlösende Gefühl von „endlich - angekommen".

Beispiele Wunschtraum

Am Morgen vor meinem ersten Traum-Seminar weckte mich mein Hund schon um 6 Uhr. Das ist zu früh für mich zum Aufstehen, außerdem fehlte mir noch immer ein Beispiel für einen Wunschtraum. Also schlief ich noch einmal ein mit der Bitte um den fehlenden Traum. Prompt kam er:

Ich verabrede mich mit Robert, fahre aber vorher zum Bahnhof, wo sehr viele Männer ankommen. Fahre immer wieder rundherum, weil ich mich nicht traue, mit dem Auto rückwärts zu fahren. Da sehe ich endlich den, den ich gesucht habe. Es ist Hellfried, der Junge aus meiner Klasse, mit dem unser Lehrer vor dem Spiegel Sprechübungen durchführte, weil er aus Dresden kam („Sag mal Sohn: Sooohn, nicht Sssoun!"). Wir fanden das damals lustig, Hellfried aber genierte sich. Nun sehe ich ihn also wieder, als Mann. Freue mich, küsse ihn und sage: „Ich liebe dich". Hellfried sucht nach Worten (immer noch).

Wachwerdend gleich das besorgte Gefühl, dass er das mit dem Ich-liebe-dich nicht in den falschen Hals kriegt, schließlich ist es inzwischen ein Männerhals geworden.

Beim Morgengebet gehe ich zurück in das letzte Traumbild und erzähle Hellfried in Gedanken, dass ich glücklich verheiratet bin.

Hellfried zeigt mir, dass er das versteht, indem er mich auf die Wange küsst. Ich sage

> Das ist ein Beispiel für eine gewollte Fortsetzung eines Traumes. Man geht in das letzte Traumbild zurück, bittet um eine Fortsetzung. Und dann kommt sie - oder kommt sie auch nicht.
> Im beschriebenen Beispiel erfolgt sie als Wachtraum.

auch: „Ach, Hellfried, wäre das schön, wenn wir dieses Kasperletheater auf der Erde hinter uns hätten."

Verständnis und Liebe schwingt zwischen uns, eine Harmonie der Seelen. Richtig schön. Ich wünsche ihm von Herzen alles Gute. Der Abschied fällt mir schwer, würde gerne in diesem erhobenen Seeleneinklang bleiben.

Zurück im Tagesbewusstsein bleibt noch länger anhaltend ein Gefühl des Friedens in mir.
Eine Deutung erübrigt sich wohl. Bewusst war mir der Wunsch nicht, dass ich gerne den schüchternen Jungen aus meiner Klasse wieder gesehen hätte. Manchmal habe ich mich schon gefragt, was aus ihm geworden sein mag. Nun haben wir uns auf der Traumebene wieder gesehen. Es war also nicht nur ein Wunschtraum, sondern auch eine *Astralreise.* Das fällt mir erst durch den anschließenden Wachtraum ein, bei dem ich wieder auf der Seelenebene gelandet bin. Es ist also auch möglich, im Wachbewusstsein eine Astralreise zu machen bzw. eine Seelenreise.

Übrigens fällt mir beim Durchlesen der Stelle, wo ich rundfahre, weil ich nicht rückwärtsfahren kann, ein: eine Rundfahrt ist auch eine Rückreise, man kommt stets wieder an den Anfang zurück. Im übertragenen Sinne könnte das heißen, dass man gar nicht erst in die Vergangenheit zurückgehen muss, um ihr zu begegnen.

> Denn wer im Kreis fährt, der begegnet der Vergangenheit und der Zukunft.

Einen typischen Wunschtraum erzählt mir eine Woche später Katja, die gerade eine finanzielle Krise erlebt:

> Feiere mit vielen Menschen. Angestoßen - und dann war es Sylvester. Wir haben uns umarmt. Ich stand vor der Ladenkasse, in der viele Geldscheine waren.

Gefühl: Überraschung.

Deutung:
Dieser Wunschtraum zeigt an, was Katja fehlt und damit aber auch die Verbindung zwischen guter Laune und Fröhlichkeit und vielen Geldscheinen. Ihre Seele hält ihr diese Abhängigkeit vor Augen. Und Katjas Gefühl der Überraschung sagt ihr schon, dass sie eigentlich nicht mit solch einer

Wende rechnet. Insgeheim mag sie nun auf Sylvester warten, weil so eine Zeitangabe verführt, den Traum wortwörtlich zu nehmen. Doch ist es wichtig, sich vorzustellen, dass unsere Seele zeitlos ist. Sie hat sich wohl in die Ebene von Raum und Zeit begeben, aber es ist allein der Mensch, nicht die Seele, der sich darin zurecht finden muss. Wenn in einem Traum eine Zeitangabe kommt, ist diese sehr wahrscheinlich symbolisch gemeint. Hier könnte Sylvester bedeuten: sieh mal ein Jahr weiter oder: verabschiede das alte Jahr, warte auf einen Neuanfang.

Auch nachstehender Traum ist ein Wunschtraum, geträumt an einem Regenwochenende im Juni 2009 nach anstrengender Büro-Woche – es ist ein kurzer Wunschtraum von Ankes Seele:

In Venedig regnet es. Es ist warm. Anke findet es schön, wie die Regentropfen auf dem Wasser tanzen und hochspringen. Sie schaut eine Weile versunken zu. Dann springt auch sie, wie viele andere, an der Meerseite (Lido) ins Wasser und schwimmt mit Wohlgefühl in die Stadt. In Kleidern!

Deutung:

Wasser über Wasser. Wasser ist Symbol für Gefühle, für unseren Mondanteil*), auch für Verinnerlichung. Im Wasser zu schwimmen heißt, in Gefühlen zu baden. So zeigt der Traum die Zunahme von Ankes Gefühlswelt und die Sehnsucht ihrer Seele.

Der geträumte Vorgang ist jenseits der Verstandesebene, denn wer springt mit Kleidern ins Wasser, wenn er bei Verstand ist? Hier ist das Verstandesdenken ausgeschaltet und dafür erlebt Anke das Wohlbehagen, das sich einstellt, wenn man sich ohne Nachzudenken seinen Gefühlen hingeben kann.

Anke nimmt den Traum zum Anlass, mehr ihren Gefühlen nachzugehen. Außerdem will sie, die Astrologin, zukünftig verstärkt auf ihre Träume in Steinbock-Mond-Nächten achten.

*) Im Geburtshoroskop von Anke gibt es einen positiven Mond-Aspekt (ein Mond-Neptun-Trigon), der hier exakt durch den laufenden Mond aktiviert wurde, d.h. genau wie im Geburtshoroskop stand an diesem Tag bzw. in der Traum-Nacht wieder der Mond Ende Steinbock.

Beispiele Wachtraum

Als Robert nach einigen turbulenten Wochen an einem Morgen im Juni 2008 die Augen zum Gebet schließt, hat er folgenden Wachtraum:

Fanatisch wirkende Männer, bewaffnet, zum Teil mit Macheten, sind im Haus und beschließen, mich zu köpfen. Anne ist auch anwesend. Es gelingt uns zu flüchten, und ich werfe die schwere Tür zum Wohnzimmer, in dem sie sich befinden, von außen zu und drehe schnell den im Schloss steckenden Schlüssel um, greife den Koffer mit den Papieren und Wertsachen und flüchte zusammen mit Anne aus dem Fenster auf ein Dach, von dort über eine Leiter hinunter, während die Männer die Tür aufzubrechen versuchen. Unten steht unser Auto, in das wir unbehelligt einsteigen, alles Zurückgebliebene aufgeben und davonfahren.

Gefühl: ohne Angst, ohne große Hektik, ohne den Verlust zu bedauern. Wir haben das Wichtigste dabei, es war bereits an der richtigen Stelle griffbereit.

Roberts Deutung:

Tagträume sind sozusagen Traumbilder mit offenen Augen. Es sind Entspannungen der Nerven, auch Entkrampfungen von Angstzuständen.

Vor was hatte ich an diesem Morgen Angst?

Nun, dass es möglich wäre, es würden sich unsere Lebensbedingungen massiv verändern, im reißenden Strom des Zeitgeistes zwangsweise verändern müssen. Und dass die geistige Welt uns dabei nicht hilft, uns nicht führen und versorgen kann. Grund für diese Befürchtung ist, bei meiner geistigen Aufgabe, die ich in mir spüre, zu versagen. Es zeigen sich damit uralte Wiederholungsängste, dass wir nämlich kopflos unser Heil in der Flucht suchen, unser Schicksal wieder in die eigenen Hände nehmen und im Sumpf unserer Ängste und unseres Unglaubens untergehen würden.

Dieser Wachtraum zeigt mir meine im Unterbewusstsein angesiedelte Angst, eine sehr alte Angst. Doch deutet die Ruhe meiner Handlungen in der Bilderfolge des Wachtraums an, dass über der Angst schon die Gewissheit liegt, dass diese unberechtigt ist. Auch daran, dass für die geglückte Flucht alles bereit liegt, ist zu erkennen, dass Ängste unberechtigt und wir in der Lage sind, Unwesentliches zurückzulassen.

Robert nimmt sich vor, wenn solche Bilder noch einmal auftauchen sollten, den „Film" abzubrechen und ins Gebet zu gehen. Er will sich nicht mehr mit alten Ängsten beschäftigen, die noch manchmal aufflackern.

Das ist ein gutes Rezept für Angstträume, auch solche im Wachzustand, die sehr wichtig sind zur Bewusstwerdung. Doch wenn sie sich wiederholen, kann man bewusst die Führung übernehmen und das Unterbewusstsein zu einer positiven

> Es ist auch eine bewusste Traumführung möglich, die ein negatives Ende in ein positives Ende umwandelt. Doch sollten wir auch im Wachbewusstsein zu einer Kehrtwende bereit sein. Sonst kommen die alten Träume hartnäckig wieder.

Änderung anleiten. Wichtig ist jedoch, dass das Oberbewusstsein dabei auch wirklich zu einer positiven Wandlung bereit ist, sonst versuchen wir nur, unserem Unterbewusstsein etwas vorzumachen. Davon wird es sich aber nicht beeindrucken lassen.

Bei einer besonderen Fußmassage (Metamorphose-Behandlung), die bei leiser Musik stattfand, spürte ich mein Bewusstsein träumerisch zurücktreten. Ich hörte wohl weiterhin noch die Musik, spürte die feine Berührung wichtiger Nervenpunkte an meinem Fuß, aber ich verlor mich in folgendem Wachtraum:

Ich sah mich als kleines, etwa zweijähriges Kind auf dem Arm meiner Großmutter, aussehend so, wie ich mich von Fotos her kenne: ein rundes Gesicht mit einer Tolle auf dem Kopf! Wir standen am Fenster und schauten meiner Mutter nach, die zur Arbeit ging. Ich drehte mich zu meiner Oma um und freute mich, bei ihr zu sein. (Das steht im Gegensatz zu dem, was man mir immer erzählt hat, dass ich so sehr geweint hätte, wenn meine Mutter zur Arbeit gegangen sei.) In diesem Wachtraum ist es anders. Als aber dann der unbekannte Mann kam, um uns abzuholen, der fremde Mann, der mein Vati sein sollte, da weinte ich. Ich weinte, weil meine Oma weinte, denn ich sah wohl den gepackten Koffer, verstand aber die Tragweite nicht der bevorstehenden Flucht. Und deshalb tröstete ich meine Oma: „Ich komme doch wieder!" Mitfühlend spürte ich ihre Verzweiflung. Meine setzte erst ein, als wir unterwegs waren auf dem weiten Weg ins Rheinland und als dem kleinen Kind bewusst wurde, dass Thüringen und die Oma nun weit weg sein würden.

Gefühl: Kind, das trösten möchte, weil es so viel Kummer spürt und diesen später selbst teilt. Ich spürte deutlich die Schürze meiner Großmutter, den dicken, groben Stoff, an dem die kleinen Hände sich festhielten. Und doch loslassen mussten.

Deutung:

Dieser Wachtraum machte mir meine erste große Trennung bewusst, und zwar zu dem Zeitpunkt, als ich die zweite große Trennung in meinem Leben zu bearbeiten hatte und dadurch verstand, dass sie eine Wiederholung war. Jedesmal hatte ich eine Heimat verloren mit Menschen, die mir lieb gewesen sind. Aber das kleine Kind sagte: „Ich komme doch wieder!" Und damit ich mich wieder als kleines Kind fühle, dass diese Worte vielleicht nie gesagt, wohl aber gedacht hat, wurden diese Bilder als Wachtraum in mir freigesetzt. Vergangenheitsbilder als Hilfe für die Gegenwart!

Greta ist eine 69jährige sensitive Frau, die zu den Stillen im Land gehört. Doch was sie so alles sieht und ahnt, zeigt, welch intensiven Kontakt sie zu ihrer Seele hat. Es sind nicht nur ihre Träume (siehe auch ihren Papst-Traum Seite 55) bemerkenswert, sondern auch die Bilder, die sie mit offenen Augen sieht. Vielleicht sind das die Traum-„Gesichte", von denen es in der Apostelgeschichte heißt, dass „in den letzten Tagen ... euere Söhne und Töchter weissagen, eure Jünglinge Gesichte schauen" werden. Ähnlich liest es sich beim Propheten Joel, nur dass es dort „Knechte und Mägde" heißt.

Greta schaut bei einem Spaziergang einen alten, knorrigen Baum und spricht ihn in Gedanken an, dass er sicher schon vieles durchgemacht habe usw., nimmt also Kontakt mit seiner geistigen Substanz auf. In seiner Rinde bilden sich Gesichter. Greta sieht einen Maschendrahtzaun (wie auf Feldern), einen Teich davor, ein Dorf dahinter mit Kirchturmspitze – also eine Dorflandschaft, jedoch recht dunkel und in der Form einer Federzeichnung.
Dann sieht sie die Hollywood-Präsidenten-köpfe im Felsen, es sind jedoch nur drei. Vor

dem ersten und zwischen dem ersten und dem zweiten schaut je ein kleiner Kinderkopf hervor. Darunter sieht sie einen riesigen Fluss mit einer Fähre. Die Luke der Fähre ist schief und kaputt. Wieder ist das Bild dunkel, vor allem das Wasser.

Links neben dem alten Baum sieht Greta eine Vielfalt von Gestalten, Kinder und Tiere, vor allem Hunde und Eisbären, und links oben ein wunderbar klares Frauengesicht, dessen Augen sie intensiv anschauen.

Deutung:

Die Zeit ist heute tatsächlich gekommen, wo die „Mägde und Knechte" vermehrt Traum-Gesichte haben werden. Und so ist Greta nicht mehr getrennt von der feinstofflichen Welt, die uns ebenfalls umgibt, aber nicht das materielle Aussehen hat, wie die Welt, die wir normalerweise sehen. Greta sieht also auch andere Gestalten und Tiere, sieht eine Welt jenseits dieser Welt, die aber auch eine Landschaft sein kann, wie wir sie kennen. In dieser Welt, die Greta sieht, gibt es auch ein Dorf, gibt es einen Weiher, gibt es einen Zaun, der die Wiesen abtrennt. Es scheint eine Welt zu sein, die unserer ähnlich ist. Aber Greta sieht sie dunkel.

Auch die nachfolgenden Bilder sieht sie dunkel. Das heißt, das Licht der Sonne fehlt dort noch. Worauf Greta schaut, ist noch eine zu ent*wickeln*de, aufzu*lösen*de Stufe in ihrem Bewusstsein.

Sie sieht die Präsidentenköpfe im Fels und dazwischen kleine Kinderköpfe als Symbol, dass diese Männer, die so mächtig schienen, auch ein kindliches Gemüt hatten und nicht von ihr als das gesehen werden sollten, was wir Menschen in Erinnerung an sie in uns tragen. Greta sieht, dass auch sie *kleine* Kinder Gottes sind, keine so grossen, wie sie in Hollywood dargestellt werden.

Und sie sieht zu ihren Füßen das große dunkle Wasser. Sie sieht die Fähre, die reparaturbedürftig ist, die die Seelen hinüberfährt – das ist ein bekanntes symbolisches Bild. Aber es ist (noch) kein Fährmann zu sehen.

So wird Greta in Bildern gezeigt, dass ihr Lebensweg noch nicht die Lichtfülle erreicht hat, die ihr Seelenpotential bereit hält. Weil sie noch auf das Dunkle dieser Welt schaut, auf das, was noch unterentwickelt ist und sich entwickeln möchte.

Das heißt aber auch, nicht nur auf andere zu schauen, sondern auch bei sich selbst nachzusehen, was reparaturbedürftig ist und ansteht, bereinigt und aufgelöst zu werden. Zum Beispiel ist hier zweimal von dunklem Wasser die Rede. Dunkles Wasser – Wasser ist u.a. Symbol für Gefühle -, zeigt, dass sie noch Gefühle in sich hat, die vom Dunkeln ins Licht getragen werden wollen. Diese Gefühle, die vielleicht alte Erinnerungen sind (evtl. an die Mutter bzw. Menschen, die ihrer Mutter Unrecht getan haben, denn Wasser ist auch ein archetypisches Symbol für die Mutter), sollte sie sich anschauen und nicht wegschauen auf die Großen dieser Welt, die ebenfalls noch vieles unterentwickelt hatten, obwohl sie als Mächtige in die Geschichte dieser Erde eingegangen sind.

Wenn das dunkle Wasser der Gefühle aufgehellt wird, kann die Fähre in Ordnung gebracht werden, auf der Greta einmal hinüber fahren wird aus dem Diesseits in Jenseits.

Unsere Seelenführer, die mit unserer Seele verbunden sind, werden auch Schutzengel genannt.

Das klare Frauengesicht, das sie intensiv anschaut, könnte ihre Seelenführerin sein, die sich Gretas Seelenantenne bedient, im Wachbewusstsein wie im Traumbewusstsein.

Nur wenige Tage nach der Zusendung meiner Deutung erhielt ich die Nachricht, dass Greta den

Baum wieder besucht habe und die Bilder sich wieder einstellten, diesmal mit hellem Wasser.

Anke hat Seelenbilder wie im Wachtraum erlebt, die ihr eine über viele Jahre falsch eingestellte Beziehung zu ihrem Vater aufklären konnten.

2003 hatte sie an einem Astro-Seminar über Pluto-Ängste auf Teneriffa teilgenommen und bereits beim „Planetenstellen" erfahren, dass die Beziehung zu ihrer Mutter gar nicht so goldig gewesen war, wie sie dies bis dahin wohl hatte sehen wollen. Ihr Vater war in ihrer Erinnerung stets der Buh-Mann gewesen, der dunkle Pluto. Doch bei einem Aufenthalt auf dem Pico de Teide, im kraftvollen Vulkangebiet der Insel, löste sich die Geschichte wie folgt auf:

Die Leiterin ließ unsere Gruppe in der Hitze des Mittags an den Vulkanfelsen ausruhen. Mit einer Meditation führte sie uns nach innen und zurück in die Kindheit. Ihre Stimme hörte ich nur noch leise in der Ferne, während sich in mir das Bild eines riesigen Drachens aufbaute.

Das war beängstigend, vor allem, weil er immer näher auf mich zukam und dabei noch größer wurde. Doch dann plötzlich entfernte er sich und wurde immer kleiner, bis er so ein kleiner Insel-Gecko war, ein niedlicher Salamander. Und dann sah ich mich als kleines Kind, das in Vaters Arme läuft.

Aber meine Angst vor dem Drachen und vor meinem Vater waren weg!

Tränen der Befreiung lösten sich, und in mir erklang das Lied „Dein ist mein ganzes Herz". Ich hatte zu meinem Vater gefunden!

Diese Seelenbilder machten Anke schlagartig klar, dass sie ihr Leben lang, vor allem in ihrer Kindheit, große Angst vor ihrem Vater gehabt hatte, weil er von ihrer Mutter oft als großer Drachen dargestellt worden war, mit so subtilen Einschüchterungen wie: „Warte nur, bis der Vater heimkommt". Und wenn er heimkam, erfüllte er die Erwartungen seiner Ehefrau, die ihn sich als strafenden Pluto wünschte. Dabei ist er in Wirklichkeit nur ein kleiner Gecko gewesen! Die Tränen zeigten Anke, dass ihre Seele, das Kraftfeld der Insel nutzend, einen alten Irrtum aufklären konnte. Durch archetypische Bilder. Ein Gefühl der Befreiung durchströmte sie.

Noch am gleichen Abend rief ihr Vater an. Das war ungewöhnlich. Üblich war bis zu diesem Wendepunkt, dass sich Anke pflichtgemäß und eher selten bei ihm meldete. Durch die erlebten Seelenbilder und die gleichzeitig empfundene Aufklärung hatte sich das Verhältnis auf beiden Seiten verändert. Am nächsten Tag in der Seminarrunde berichtete Anke:

„Nach so vielen Jahren falscher Einschätzung kann ich jetzt die Zuordnung meines Vaters vom angsteinflößenden Pluto in den pflichtbewussten, wohl auch strengen Saturn wechseln. Meiner Mutter jedoch mit ihren Manipulationen muss ich leider die Rolle des Plutos geben. Ist ja auch nahe liegend, weil mein Mond in Opposition zum Pluto steht. Doch fällt mir das nicht leicht, aber dadurch beginne ich nun, auch im angstbesetzten, abgewerteten Plutobild nach positiven Beschreibungen zu schauen. Ich finde sie in der Wahrheitssuche. Pluto bohrt so lange, bis uns die Wahrheit bewusst wird. So ist meine Mutter gewesen, und so bin auch ich: wahrheitssuchend."

Und genau das hatte Anke auf Teneriffa erlebt: die Wahrheit war ans Licht der Sonne gekommen. Dazu war die heiße Sonne von Teneriffa notwendig gewesen und die vulkanische, plutonische Energie dieser Insel.

Traumdeutung

Die Entschlüsselung der Traumsymbole ist selten einfach, denn wir empfangen die Bilder in unserer rechten, gefühlsmäßigen Gehirnhälfte, wollen sie aber anschließend in die linke, logisch denkende Gehirnhälfte übertragen und dort analysieren. Und da liegt die Schwierigkeit, denn diese unsere beiden Gehirnhälften entsprechen den Gegensätzen auf unserer Erde (siehe Zeichnung auf Seite 3):

> männlich / weiblich
> Verstand / Gefühl
> rational / irrational
> Tagesbewusstsein bzw. Oberbewusstsein /
> Traumbewusstsein bzw. Unterbewusstsein.

Wir müssen also unsere Träume entschlüsseln, übersetzen, ihre Sprache und Symbole kennen- und deuten lernen. Am Wichtigsten ist das Gefühl, das wir aus dem Traum mitbringen (denn die Bilderfolgen und Erlebnisse sind stets auch von tiefen Gefühlen begleitet).
Wer sich mit seinen Gefühlen gut auskennt, ist auch ein guter Traumdeuter.

Traumdeutung für Anfänger

Ich empfehle, folgendermaßen vorzugehen:

1. Traum aufschreiben!
   Traumtagebuch führen!
2. An verschiedenen Stellen des Traumes nachfühlen und diese Gefühle aufschreiben, besonders das Gefühl am Ende des Traumes, sozusagen das Ergebnis (zum Beispiel Angst, Zufriedenheit, Sehnsucht usw.).
3. Gefühlsmäßige Feststellung, welcher Art von Traum es war (Verarbeitungstraum, Zukunftstraum, Erkenne-dich-selbst usw.)
4. Wer waren die Darsteller und was bedeuten mir diese (siehe unten)?
5. Wo fand der Traum statt (Vergangenheit, Gegenwart, Zukunft)?
6. Bei zwei- oder mehrteiligem Traum: gibt es einen roten Faden und/oder eine Steigerung?
7. Was war besonders auffallend?
8. Eigene Assoziationen finden (Seite 149).

Zu Punkt 4 (Personen / Darsteller) ist zu sagen, dass die verschiedenen Menschentypen unserer

Verwandtschaft und Bekanntschaft als Traumsymbole benutzt werden. Zum Beispiel hatte ich eine großzügige Freundin (sie ist leider schon verstorben), eine Art Über-Mutter. Wenn ich von ihr träume, geht es um das Thema Großzügigkeit.
Fragen Sie sich also stets, für welches Symbol der Traumteilnehmer in Ihren Gefühlen schon lange seinen Platz hat (z.B. Geizkragen, Quasseltante, Pedant/in, Witzeerzähler und - im Gegensatz dazu - vielleicht auch ein weiser Humorvoller).

Legen Sie sich eine Liste Ihrer Mitmenschen an, von denen Sie häufig träumen. Sie werden feststellen, dass es für jede Rolle auf der Lebensbühne bereits eine erste Besetzung gibt. Und dann noch die vielen Ersatz-Schauspieler und die Typen für kurze Nebenrollen, und als namenloser Hintergrund die vielen unbekannten Gesichter, die vielleicht nur ein- oder zweimal ihren Auftritt haben und dann nie wieder.

Nachfolgend ein Auszug aus meiner Deutungsliste:

Wenn ich von Claus träume, meinem früheren Chef, dann träume ich von einem guten Menschen, den ich verehre;
wenn ich von meiner Freundin Marie Luise

träume, geht es um Großzügigkeit;
wenn ich von Rosenbergs träume = Enttäuschung
Oma / Opa   = Heimatgefühle, Annahme
meine Töchter = mütterlicher Beschützungsinstinkt
Frau Nachtsheim = Tratsche / ungutes Gefühl
Siggi   = Abwertung, will Frauen besiegen
der „Habicht" = Überheblichkeit / kühle Distanz
Marina = alte Wunde / Ablehnung
Gundula = Weisheit / Härte / Macht (positiv)
Gudrun = ist schwankend, aber klug
Gretel   = alte Freundin, bisschen Distanz
Freddi   = Verschlossenheit (wie in Ritterrüstung)
Helena = Schülerin mit Angst vor Veränderung
Hauke   = Abwertung des Groben
Helmut = unzuverlässig
Gisella = einfach und herzlich

Sie sehen, da tummeln sich die zwei Seiten des Lebens. Vollständig ist so eine Liste nie. Denn was mir begegnet, ist auch in mir bzw. löst etwas in mir aus. Und das ist noch nicht abgeschlossen.

Unerlässlich ist auch eine Liste der Traumsymbole, die wir durch eine selbst erstellte Assoziationsliste finden. Darin können auch die Traumsymbole unseres kollektiven Unterbewusstsein enthalten sein.

Sie werden

Archetypische Traumsymbole

genannt. Um zu erkennen, ob und inwieweit archetypische Traumsymbole für Sie (noch) zutreffen, machen Sie einen

Test:

Das Bild muss nicht schön, aber die Symbole zu erkennen sein. Und zwar so, dass Sie hinterher die Deutung vornehmen können.

Aber bitte – erst zeichnen !!! Dann deuten !!!

Zeichnen Sie :

Ein Bild mit
- ❖ einem Haus
- ❖ der Sonne
- ❖ mit einem Wasser in der Form, die Sie sich gerade vorstellen
- ❖ einem Baum
- ❖ einer Schlange und
- ❖ einem Schmetterling !

Und erst nach der eigenen Deutung die Bilder-Beispiele im Anhang dieses Buches anschauen bzw. mit deren Deutung vergleichen!

Ergebnis *):

Das Haus
steht gemäß den archetypischen Traumsymbolen für Ihre Person.

Haben Sie ein kleines oder ein großes Haus gezeichnet?

Ein modernes oder altes, ein Landhaus oder Stadthaus?

Wie klein oder groß ist die Tür (wenn überhaupt eine vorhanden ist)? Führt ein Weg zu ihr hin?

Hat Ihr Haus Fenster, so dass Licht hineinfallen kann?

Hat es einen Kamin? Qualmt er?

Gibt es Nebengebäude? Gibt es einen Garten?

Ist das Haus unten durch einen Strich abgegrenzt oder verwachsen Haus und Erde miteinander?

Die Sonne
symbolisiert archetypisch und astrologisch den Vater.

Wie nah oder weit entfernt steht die Sonne zum Haus?

Hat die Sonne lange oder kurze Strahlen oder hat

*) Mit Bezug von Haus bis Schlange auch auf die Deutungen von Sylvia Browne und Roy Martina

sie vielleicht gar keine? Wirkt sie kühl oder warm?

Das Wasser

ist archetypisch und astrologisch das Sinnbild für die Mutter.

Ist es ein stiller See, ein liebliches Bächlein oder ein reißender Fluss? Oder gar ein großes Meer?

Steht es in enger oder entfernter Verbindung zu Ihrem Haus?

Befindet es sich im Vorder- oder im Hintergrund?

Der Baum

Dazu werden die Symboldeutungen „Intellekt" und „Entwicklung" vorgegeben. Letztere entspricht der Paradiesgeschichte vom Baum der Erkenntnis, die ja auch eine archetypische ist, und neben Erkenntnis auch Entscheidung heißen könnte. Für mich bedeutet der Baum auch noch Wachstum.

Finden Sie besser Ihre eigene Deutung!

Ist der Baum groß oder klein, kräftig oder mickrig?

Steht er nahe oder weit vom Haus entfernt?

Die Schlange

Die Symbolvorgabe ist Sexualität. Und das ist eine Freud'sche Betonung, die einseitig und überholt ist. Die Schlange wird auch als Symbol für Versuchung und Gefahr angesehen. Schließlich war sie Anlass für die Vertreibung aus dem Paradies und den Erdengang der Menschen. Für mich bedeutet eine Schlange: Achtung, Versuchung! Es könnte aber auch heißen: Bindung an die Erde. Was bindet Sie an die Erde? Herrn Freud sicher die Sexualität.

Was könnte Ihnen Versuchung sein bzw. wo lauert Gefahr?

Ist Ihre Schlange kräftig oder klein? Befindet sie sich nah oder fern von Ihrem Haus?

Welchem Ihrer gezeichneten Gegenstände befindet sich Ihre Schlange am nächsten?

Der Schmetterling

ist Symbol für Ihre Seele. Er symbolisiert unsere Wandlungsfähigkeit von der erdgebundenen Raupe (Mensch) zu den Flügeln des Schmetterlings (Seele).

Ist Ihr Schmetterling verhältnismäßig groß oder klein? Das zeigt, wie aktiv Ihre Seele zu diesem Bild durch Impulse beigetragen hat.

Welchem Ihrer gezeichneten Gegenstände ist Ihr Schmetterling (Ihre Seele) am nächsten oder gar nah verbunden bzw. berührt er gar? In welche Richtung fliegt er?

Die Traumsymbole können archetypisch bei vielen Menschen gleich oder ähnlich sein. Unsere Seele benutzt für ihre Botschaften auch diese kollektiven Symbole, meist jedoch spezifische, die nur Sie und Ihre Seele verstehen.

Bemerkenswertes (zu den Bildern ab Seite 329):

Bei meinem Bild habe ich das zuerst gemalte Bächlein, das mir dann gefühlsmäßig doch zu nahe am Haus war, spontan wieder gestrichen und einen neuen Bach gemalt, der etwas weiter entfernt ist und in den Himmel hineinfließt.

Erklärung: meine Mutter starb, als ich 19 Jahre alt war, ist mir also nicht mehr nahe. So kann ich erkennen, dass das Symbol Wasser archetypisch auch von mir für meine Mutter verwendet wurde. (Ich hatte die Symboldeutungen vor dem Malen nur angelesen und noch nicht in mir gespeichert. Erst später habe ich sie überarbeitet.)

Bei Mias Bild fällt neben dem riesigen Schmetterling (sie hat eine sehr aktive Seele) der Springbrunnen auf, der am Rand steht. Auf die Frage, wie nah ihr ihre Mutter steht, antwortete sie spontan: „So nah wie auf dem Bild".

Und später, nachdem sie ihr Bild in sich hat wirken

lassen: „Ja, meine Mutter ist wie der Springbrunnen: das alte Wasser wird immer wieder aufgewirbelt und erneuert sich nicht." Also immer die alte Soße! Alarmierend ist, dass ihr Schmetterling die Schlange berührt. Dazu siehe „Beispiel Traumdeutung Mia" auf Seite 178.

In den Bildern von Phil zeigt sich seine momentane Zerrissenheit durch die Unterteilung bzw. Trennung der einzelnen Bildersymbole. Sein Waage-Mond kann sich nicht für einen beruflichen Stellenwechsel entscheiden, obwohl er innerlich längst gekündigt hat. Deshalb kann er zur Zeit nichts miteinander verbinden. Und das Wasser seiner Gefühle zeigt sich als aufgewühlter Strudel.

Bei Uwe fällt auf, dass er einen Strich gemalt hat zwischen dem Fluss und den übrigen Symbolen (allerdings auch eine verbindende Brücke). Als ich seine Freundin Katja fragte, ob er unter irgend ein Thema einen Schlussstrich gezogen hat, antwortete sie, dass er ein „Mutterthema" hätte und im Augenblick seine Grenzen sehen würde.

Lothars Bild ist ein alarmierendes und trauriges Bild. Er hat keine Fenster in sein Haus gemalt. Es ist dunkel in seinem Haus, weil er das Licht der Sonne ausgesperrt hat. Das ist hoffentlich nur eine momentane Situation seines Menschen, denn sein Schmetterling als Symbol für seine aufsteigende Seele fliegt sehr hoch. Doch auch sein einge-zeichneter Kahn könnte sich kurz vor dem Kentern befinden, denn das Wasser reicht ihm schon bis zum Herzen.

Die fast sechsjährigen Zwillinge Arwen und Lucia haben – das sieht man – nicht voneinander abge-malt. Ihre Mutter hat stets einen der Zwillinge zum Klavierspielen geschickt, während die Schwester gemalt hat. Wer die Zwillinge kennt, erkennt auch die typischen Unterschiede auf den Bildern.

Auf Levkes Buntbild (Innenumschlag vorne) sind die Symbole für Vater und Mutter größer als das eigene, harmonisch wirkende Häuschen. Und erst der Baum - er ist bildbeherrschend! Zu ihren Eltern sagt Levke, dass ihre Bindung zu ihnen groß sei und sie das Gefühl hat, ihrer dominanten Mutter „nicht das Wasser reichen zu können". Im Moment stelle sie bei sich ein mangelndes Selbst-bewusstsein fest. Sie fühle sich klein, unbedeutend und nicht wichtig.
Genau das hat Levke gemalt. Und über ihrem Häuschen stehen dunkle Wolken, aber es leuchtet (rot).

Levkes Assoziation zur Schlange: Misstrauen,
Zweifel,
zum Baum: Widerstandkraft

Zu Levkes Bild:

Beispiel einer Bild-Interpretation:

Das Haus (Symbol für das Ich) ist verhältnismäßig
klein gemalt. Der Baum, Symbol für Levkes Widerstandskraft und Wachstum, ist größer als das, was
sie bisher ihr Zuhause nennt. Groß die Sonne
(Symbol für Vater), riesengroß das Meer (Symbol
für die Mutter). Im Vergleich dazu wirkt das Häuschen noch kleiner. Aber die Schmetterlinge – es
sind sogar vier – zeigen, dass das Haus von Levkes
Seele an vier Toren offen steht, so dass auch das
weltliche Haus wachsen wird. Der Weg dorthin ist
breit, und die Wolken über dem Häuschen werden
sich verziehen, so dass sich Levke in ihrem Häuschen wieder wohl fühlt.
Die Schlange im Baum der Erkenntnis - bei Levke
nicht um den Stamm gewickelt, sondern im Laub
versteckt - könnte bedeuten, dass sie misstrauisch
lauernde Gefahren befürchtet und sie nicht
realistisch einschätzt, sondern sie unterschätzt oder
überschätzt. Und sie überschätzte wohl auch ihre

Mutter*), wenn sie meinte, ihr nicht das Wasser reichen zu können. Doch ein Vergleich der Beiden ist nicht möglich, weil ihre Mutter gemäß deren Horoskop bewahrende Tendenzen, Levke aber im Gegenteil lösende, befreiende Tendenzen mitbringt. Und weil Levke ihre Möglichkeiten noch nicht alle entdeckt hat (was auch erst die Zeit mit sich bringen kann), ist diese große Schlange wohl auch Ausdruck von Levkes Selbstzweifeln. Doch größer als Zweifel und Versuchung durch die Schlange ist der große Baum von Levkes Widerstandskraft. Und ihre weiteren Möglichkeiten - wenn sich die Wolken verzogen haben werden - drücken sich in dem einladend großen Weg zu ihrem leuchtenden Haus aus, um das die Schmetterlinge ihrer Seele flattern.

*) Übrigens:
Seit einem nachfolgenden Geburtstagsfest überschätzt Levke ihre Mutter nicht mehr, denn die dabei gemachten Beobachtungen haben ihr Klarheit gebracht. Wahrscheinlich würde Levke jetzt ein Bild malen, in dem ihr Häuschen nicht kleiner ist als der Fluss.

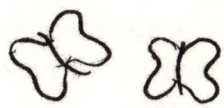

Vergleiche :

Haus

Die Häuser sind so gemalt, wie der Malende wohnen möchte oder wohnt, mit oder ohne einladenden Zugangsweg. Anuschka (Umschlagbild) sichtbar auf dem Land. Einige mit qualmendem Schornstein, was die innere Wärme anzeigt.

Interessant ist, dass manche ihr Haus hoch (Mia und Tochter übereinstimmend) und manche eher breit malen, Robert sogar ein Doppelhaus, Anuschka mit Scheune. Mein Haus ist romantisch-verspielt mit Gauben und Erker.

Die Häuser von Helga und ihren drei Söhnen sind sich sehr ähnlich und nur in der Größe so unterschiedlich, wie die drei jungen Männer auch unterschiedlich sind.

Horst, der Partner von Helga, gesellt sich mit seinem Haus recht passend dazu.

Auch das Haus von Anita ist recht klein geraten (jedenfalls im Vergleich zu der verhältnismäßig großen Sonne).

Uwe malt ein dreidimensionales Haus, wie er sagt. Ich empfinde es als Glashaus, in das man hineinschauen kann und darf. Uwe hat nichts zu verbergen.

Auffallend ist das große Haus von der großen Susanne (1,82 m groß) mit Penthouse und Dachterrasse (siehe innere Rückseite). Alle übrigen Häuser scheinen in Deutschland zu stehen, aber Susannes Haus steht hoch über dem Meer (sie hat gerade eine Bewerbung für Teneriffa geschrieben). Auch das Haus von Timo ist groß und bildbeherrschend. Es hat auch einen seitlichen Zaun, was seinem Bedürfnis nach Sicherheit entspricht (Mars im Skorpion).

Lothars Haus wirkt verschlossen, weil er keine Fenster eingemalt hat. Das Haus von Zwilling Arwen hat nur ein Fenster. Im etwas kleineren Haus ihrer Schwester Lucia sind lustige rote Gardinen an den Fenstern. Beide haben ihr Haus nach unten nicht abgeschlossen, was zeigt, dass die Erdverbundenheit noch groß ist. Auch bei Heidi, Helga, Elsa und Anita ist das so.

Interessant und vielsagend sind die Zusätze an den Häusern:
Jetske malt vor ihr Haus einen kleinen runden Tisch mit Stuhl zum Pausemachen, wie eine Caféhausszene. Sie hat es in der Tat gern gemütlich.
Christines Haus ist das einzige mit einem Briefkasten. Sie ist wohl empfänglich für Nachrichten und Mitteilungen.

Katja malt auf ihr Häuschen ein (getöpfertes) Schlafwandlermännlein mit geringelter Schlafmütze (so was gibt es anscheinend im Fränkischen) und einen Zaun um ihr Grundstück, jedoch nicht um ihr Haus, vor dem die Schlange lauert. Sie schützt andere, aber nicht sich selbst (Fische-Sonne).

Sonne

Bei Roberts Bild fällt das (weit entfernte) Sonnengesicht auf, und er hat tatsächlich seinen Vater, den er bereits als kleiner Junge im Krieg verloren hat, so gemalt, wie er ihn in Erinnerung hatte. Also ist bei ihm das archetypische Symbol für die Sonne zutreffend.

Jetskes Sonnenstrahlen berühren ihre Tannen, ihr Entwicklungspotential. Die Sonne lacht, und Jetske sagt dazu: „Mein Papa ist fröhlich."

Die Sonnen von Hertha, Katja, Uwe und Christin lachen auch. Die Sonne von Timo ist dominierend und steht tief über seinem Haus, wirkt fast wie ein Aufsatz des Daches.

Heidi hat eine untergehende Sonne gemalt, und so sieht sie auch ihren (schwachen) Vater.

Die gelben Sonnen der Zwillinge haben viele Strahlen. Sie stehen über dem Haus. Lucias Sonne steht so nahe am Dach des Hauses, dass ihre Strahlen das Haus berühren. Und tatsächlich: Lucia ist ein Papa-Kind.

Kleine Kinder mögen nicht Schwarz-Weiß malen, sagte mir die Mutter der Zwillinge Arwen und Lucia. Eine schwarze Sonne? Nein, das konnten sie sich nicht vorstellen.
So haben sie ein buntes Bild gemalt, die Sonnen leuchtend gelb.

Aus astrologischer Sicht entspricht die Sonne auch dem Sternzeichen Löwe, was bei Anuschkas Bild (Umschlagbild) sehr verwundert. Sie ist eine Löwin und ihre kühle, strahlenlose Sonne entspricht dem nicht. Dass dem nicht so ist, kann ich gut erklären: Anuschka, wie auch ihre ältere Schwester, haben beide einen Jungfrau-Aszendenten. Und den lebt Anuschka momentan sehr intensiv.

Das sieht man auch an den akribisch gemalten Dachziegeln und dem geordneten Gärtlein.

Ihre drei Kinder sind jedoch die Garanten dafür, dass sie ihre Löwe-Sonne nun entwickelt. Denn manchmal wird sie als Löwenbändiger benötigt (die älteste Tochter ist nicht nur auch unter einer Löwe-Sonne geboren, sie hat auch noch einen Löwe-Mond).

Wasser

Aus der Aufforderung, irgendein Wasser zu malen, sind als Mutter-Symbole einige nette Bächlein geworden (bei Robert, Anuschka, Jetske und Uwe mit verbindender Brücke) bis hin zum doch recht nah ans Haus fließenden Bach von Horst und dem umrahmenden Flüsschen bei Frank. Auch bei Jetske ist es fast ein großer Fluss (sie sagt, ihre Mutter sei ihr wichtig). Bei Christine und Uwe reicht der Fluss von der einen Seite bis zur anderen. Auch bei Levke ist das Wasser bildausfüllend. Und bei Uwe und Levke ist die Mutterbindung wohl wie gemalt: ausfüllend.

Jürgen malt einen verhältnismäßig stillen See, Heidi einen „halben" See (der Rest ist nicht auf dem Bild und damit auch außerhalb ihres Bewusstseins). Auch die Zwillinge Arwen und Lucia malen einen kleinen See: Lucia mit Brücke, Arwen mit Ente.

Mia malt einen sich immer wieder aufwirbelnden Springbrunnen, dessen „Wasser sich nicht erneuert".

Lukas fällt mit seiner Regentonne etwas aus dem Rahmen, für ihn ist seine Mutter wohl ein gut gefülltes Auffangbecken - und auch seiner Seele (= Schmetterling) nahe.

Auf Helgas Bild nehmen Wellen einen verhältnismäßig großen Raum ein, sind aber entfernt vom Haus am Rand. So beschreibt Helga auch ihre Beziehung zu ihrer Mutter, mit der sie zusammen in einem Haus wohnt, deren Ansichten und Meinungen jedoch oft konträr zu den ihren sind.

Ihr Sohn Michael und seine Partnerin Laura malen beide ein ähnliches Wasser: in den Wellen ist viel Bewegung, wahrscheinlich wie auch in den Beziehungen zu ihren Müttern.

Elsa (79 Jahre alt) malt nach ihrer Aussage einen kleinen Teich, in den die Regentropfen fallen. So kommt immer noch etwas Mutterliebe aus den Wolken zu ihr. Und ihre Freundin Wally (82 Jahre alt) malt die regnenden Wolken gleich mit dazu. So hat sie wohl ihren „Himmel" gemalt, in dem sie ihre Mutter schon sehr lange weiß, denn diese ist gestorben, als sie gerade mal 8 Jahre alt war (wohl deshalb auch See und Wolken am Rand der Zeichnung). Interessant ist, dass die beiden alten Damen an das Wasser denken, das von oben kommt.

Auch Timo malt Regentropfen, die jedoch nicht auf sein Haus fallen. Und dazu noch einen Regenbogen.

Auf einem kurzen Fluss zeichnet sich Lothar als

Fahrer eines Kahns ein. Auffallend ist, dass sein Kahn ziemlich tief im Wasser liegt, sozusagen fast bis an den Rand. Und Lothar hat sich selbst bis zur Brust im Wasser gemalt.

Die auffallendsten Meeresdarstellungen sind von den Schwestern Grete und Hertha, die aus Büsum an der Nordsee stammen. Und bei Hertha wirkt die Nordsee wie an einem Sturmtag: dunkel und aufgewühlt.

Schlange

Die Schlangen sind im Vergleich sehr interessant: Jetske malt eine lange Schlange, die ihre drei Bäume umschlängelt. Die von Jürgen lacht ja direkt, die von Christine ist mehr ein großer (harmloser?) Regenwurm. Auch die Schlangen von Helga, ihrer Mutter Wally und ihrem jüngsten Sohn Lukas sind schnurgerade. Vielleicht sind diese Schlangen zur Zeit nicht in Bewegung. Die kleinste Versuchung kriecht jedoch aus weiter Ferne auf Anuschkas Haus zu.

Franks Schlange ist wohl im Vordergrund, aber auch von Blumen umgeben (die sie verdecken?). Und Marianne malt eine Wasserschlange (im Schwimmbecken) und bei den Schwestern Greta und Hertha kriechen diese aus dem Meer!

Susannes Assoziation zur Schlange: Exotisches –
Überraschungseffekt. Und tatsächlich, sie hält eine
Überraschung für den bereit, der sich in ihren
Liegestuhl legen will, denn dort wartet zusammen-
gerollt ihre
Schlange.

Die von Frank
und Phil haben
sich aufgestellt.
Dabei wirkt die
von Phil wie
eine gefährlich
einsatzbereite
große Kobra.
Achtung:
Mias Schlange
hat mit dem
Schmetterling
Kontakt!

> Die Johannes-Offenbarung ist
> ein großes archetypisches
> Gemälde. In Vers 12/9 wird die
> Schlange als Verführerin wie
> folgt dargestellt:
> „Und geworfen wurde der große
> Drachen, die alte Schlange,
> die Teufel heißt und Satan, die
> alle Welt verführt; geworfen
> wurde er herab zur Erde und mit
> ihm gestürzt wurden seine Engel.“

Bei Lothar schlängelt sich eine Schlange noch
versteckt durch das Erdreich, nahe am Baum,
schaut aber bereits mit dem Kopf heraus.
Lucia malt die Schlange wie ein Fabeltier. Es kann
fliegen, hat sich von der Erde erhoben.
Das uralte archetypische Symbol der Schlange der
Versuchung mit dem Baum der Erkenntnis aus der

Paradiesgeschichte malen doch recht viele: Mia, Salome, Heidi, Levke, Horst, Sylvia, Timo, Anita und ich. Auch Helga hat ihre Schlange direkt vor den Baum gemalt. Manche Schlangen züngeln!

> *Wieso sagen wir:*
> *es lauert die Schlange?*
> *Es lauert die Gefahr?*
> *Die Gefahr ist nicht bewusst!*
> *Sie lauert im Hinterhalt.*
> *Die Schlange gilt als*
> *hinterhältig. So können wir an*
> *unserem Wortschatz erkennen,*
> *wie wir Schlangen und*
> *Gefahren einschätzen.*

Gefahr:
Bei Heidi lauert die Schlange nah über ihrem hübschen Häuschen. Und bei Katja ist sie schon vor der Haustür angelangt.

Baum

Bei den Bäumen fällt vor allem das Bild meiner Tochter Anuschka auf (das Umschlagbild). Für sie ist der Baum anscheinend Ausdruck für Erkenntnis, Entwicklung bzw. eigenes Wachstum durch die Kinder. Denn obwohl die Malaufgabe klar hieß, *einen* Baum zu malen, hat sie *drei* gemalt, zwei große, das Bild beherrschende und einen kleinen. Dieses Bild hat sie kurz vor der Geburt ihrer

Zwillinge gemalt, als diese Beiden ihr Fühlen und Denken so mächtig ausfüllten wie diese Bäume im Vordergrund. Und der kleine Baum könnte ihre damals zweijährige Tochter darstellen, die nun etwas im Hintergrund steht.

Auch meine Enkelin Jetske malte mit fast elf Jahren drei zusammenstehende Tannenbäume (wie ein kleines [Wachstums-] Wäldchen), um die sich eine vorsichtsgebietende lange Schlange windet.

Hertha malt zwei Bäume, die der stürmischen See trotzen. Erkenntnis und Entscheidung?

Heidis Baum ist bildbeherrschend. Es könnte bei ihr eine Bewusstseinserweiterung (siehe Traum Seite 59) bedeuten. Aber Achtung: es lauert die Schlange!

Katja hat eine Trauerweide gemalt, den Baum, der wie kein anderer beschützend wirkt. Der Baum passt zu ihr, weil sie mütterlich und beschützend ist. An der Fichte von Uwe klopft ein Specht. Wer oder was klopft an? Katja, seine Freundin, interpretiert, dass er sich im Augenblick sehr für seine Entwicklung öffnet.

Der bunte Baum von Susanne (siehe innere Rückseite), im Vordergrund stehend, ist imposant. Seine Wurzeln sind sichtbar - das zeigt hier Erdverbundenheit. Wie auch der Baum von Lothar.

Die Wurzeln, die Gretas Baum bereits aus der Erde gezogen hat, entsprechen ihrer Loslösung vom Irdischen und passen zu ihren Träumen.

Schmetterling

Mia hat den größten Schmetterling gemalt. Er ist zwischen Haus (Ich) und dem Baum der Erkenntnis (mit Schlange) positioniert. An einer Stelle berührt er sogar die Schlange! Auf diese Weise könnte Mia auch ihre Angstträume zu dieser Zeit (siehe ab Seite 178) dargestellt haben.

Mein Schmetterling schaut ins rechte Fenster (rechte Gehirnhälfte der Gefühle?) hinein. Auch bei Katja flattert er nahe vor dem Haus herum. Und der dunkelrote Schmetterling von Susanne besucht den Blumentopf vor dem Haus.

Und Anuschka hat gleich zwei Schmetterlinge gemalt, als Zwillings-Mutter sieht sie halt alles doppelt. Auch Hertha malt zwei. Levke aber ist „der Kandidat mit den meisten Punkten": sie malt sogar vier Schmetterlinge.

Die ausgeprägten Schmetterlinge der Kinder (Salome, die Zwillinge Arwen und Lucia) sind auf der inneren Rückseite in ihrer bunten Pracht zu sehen.

Überraschend zeigen die meisten Symbolbilder aufsteigende Schmetterlinge, die „himmelwärts" gerichtet sind. Nur Christine und Jürgen haben sie realistisch und so gemalt, wie sie gewöhnlich um uns herumflattern: parallel zu uns bzw. zur Erde.

Die Bezeichnung „Archetypen" geht auf den Schweizer Psychoanalytiker C. G. Jung zurück. Er hatte die Vorstellung von einem kollektiven Unbewussten, das wie eine sehr tiefe Schicht unter dem persönlichen Unbewussten liegt, worüber sich dann wie eine Decke unser Tagesbewusstsein legt. Jung berichtete vom Traumtagebuch eines acht-jährigen Mädchens mit archetypischen Symbolen, die das Kind nicht, Jung jedoch verstehen konnte.
Unter den von ihm geprägten Symbolen ist der „Schatten" am bekanntesten geworden. Er stellt den Teil einer Person dar, den diese nicht sein möchte, den sie unterdrückt und damit ins Unter-bewusstsein verschiebt.
Im Traumbewusstsein aber begegnet uns der Schat-ten in Personen, die wir ablehnen. Und im Tages-bewusstsein sucht sich unsere Abneigung einen Sündenbock, kann sich als Hass gegen Minder-

heiten und auch Ausländer zeigen.

In Verfolgungsträumen z.B. kann sich unser eigener Schatten aus dem Unterbewusstsein ins Oberbewusstsein drängen.

Die archetypischen Symbole werden jedoch als Allgemeingut des gesamten menschlichen Bewusstsein angesehen. An den gemalten Beispielen können wir feststellen, wo unsere Anbindung an das große allgemeine Bewusstsein noch benutzt wird und wo unsere Seele bereits persönliche Symbole geschaffen hat.

Beispiel Baum:

Sylvia Browne bezeichnet ihn als Symbol für Intellekt, Roy Martina für Entwicklung, David Fontana für Schutz und Fruchtbarkeit.

Mit Intellekt kann ich bei einem Baum wenig anfangen, mit Entwicklung mehr, mit anderen (meinen) Worten: Wachstum.

Doch tiefer gehend finde ich als archetypisches Symbol den Baum der Erkenntnis.

Den haben Mia, ihre kleine Tochter Salome, Horst, Levke, Heidi, Sylvia, Timo und ich (auch Helga und Lothar?) als Ur-Symbol mit der versuchenden Schlange gemalt. Der Ur-Baum aus der Paradiesgeschichte: Erkenntnis oder Entscheidung?

Beispiel Schlange:

Zur Auswahl: Sexualität, Gefahr, Versuchung.

Zum Symbol noch der Zusatz, dass Sylvia Brown in ihrem Traum-Buch wohl schreibt: *Nur allzu gerne wäre ich einmal Sigmund Freud begegnet, nur ein einziges Mal und nur, um ihm eine einzige Frage zu stellen: ,Was stimmt eigentlich nicht mir ihnen?'* (weil dieser in umwerfend vielen Traumdetails eine sexuelle Symbolik entdeckte). Aber sie übernimmt dennoch seine Traumdeutung der Schlange als Sex-Symbol. Das aber kommt mir nun doch zu einseitig vor.

Übrigens: in alten Kulturen (z.B. Ägypten) wurde die

Erinnern wir uns:

Zur *Entwicklung* von Adam und Eva gehörte auch das Erkennen und die Entscheidung zwischen göttlichem Willen und Eigenwillen (ich vermeide bewusst das deutsche Wort „Gehorsam"). Von diesem einen Baum sollten sie nicht essen! Doch dann kam die Schlange der Versuchung! Ergebnis der Prüfung im Paradies : nicht bestanden! Erkenntnis und Entscheidung (auf der Erde) nachholen !

Schlange als Sinnbild göttlicher Weisheit verehrt. Bei „meinen" Träumern war jedoch noch niemand aus dieser alten Kultur dabei bzw. vertrat diese Meinung.
Vielleicht Katja? Sie ist die Einzige, die eine Schlange schön findet und diesen Kaltblütler sogar als warm bezeichnet.

Weil wir alle entwicklungsbedingt unterschiedlich sind, sollten Sie überprüfen, ob archetypische Symbole für Sie noch in der Ur-Form stimmig sind. Nicht immer muss unsere Seele in die alte Schatzkiste des Menschheitskollektivs greifen, um sich verständlich zu machen. Und die Probleme einer sexualfeindlichen Einstellung wie zu Freud's Lebenszeit haben wir heute auch nicht mehr.
Unsere persönlichen Begriffe und Symbole sind oft schon schwer genug zu verstehen. Aber durch unsere persönliche Liste und die Beobachtung unserer Träume kommen wir ihnen näher und wächst unser Verständnis für uns selbst.

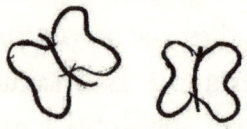

Weitere archetypische Symbole:

- der/die Alte (alter weiser Mann oder alte weise Frau) = unser höheres Bewusstsein
- das göttliche Kind = unsere unverwundbare innerste Reinheit und Unschuld
- der Narr = der Menschliches durchschaut und nicht mitmacht
- Animus und Anima = der nicht gelebte gegengeschlechtliche Teil in uns
- der Drachen = eine tierisch-archaische Kraft unseres Unterbewusstseins
- die große Mutter = begegnet uns als Erdenmutter, als Himmelsgöttin, als Maria, als Lilith und zeigt unser Verhältnis zum Urweiblichen.

Weitere archetypischen Symbole sind Brunnen, Einhorn, ummauerter Garten, Höhlen, Hexen, Schätze in der Tiefe der Erde usw.

Fragen Sie Ihre Seelenführer nach der Bedeutung. Vielleicht haben Sie sich ja von den allgemeinen alten Symbolen längst gelöst, und wir wollen sie nicht wieder einsortieren. Und sehr wahrscheinlich bedeuten sie auch in jeder Lebensphase etwas Anderes. Denn wir entwickeln uns ja weiter, weg von alten Traumsymbolen und Bedeutungen, die für Jugend und Alter natürlicherweise auch noch unterschiedlich sind.

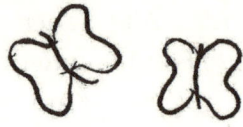

Traumsymbole aus früherer Zeit und Aberglaube

Wie wir aus alten Traumsymbolen herauswachsen, zeigen nachstehende Beispiele, die zu einem großen Teil aus dem kleinen Büchlein „Träume", arsEdition, entnommen wurden. Auch aus dem Buch „Traumdeutung" von Adrienne von Taxis. Sie zeigen die Wünsche unserer Vorfahren nach Partner, Reichtum und Glück sowie ihre Ängste vor den Kräften der Finsternis und vor dem Tod.

* ❖ Sieht man rote Äpfel an grünen Bäumen, verheißt dies ausgesprochenes Glück.
* ❖ Reife Äpfel sind ein Symbol für die Verwirklichung von Hoffnungen und Zielen.
* ❖ Besteigt man einen Berg und ist der Weg angenehm, verspricht dies Reichtum und Ruhm.

- ❖ Ein sauberes, weiches Bett bedeutet ein friedliches Ende von Sorgen und Ängsten.
- ❖ Träumt eine Frau vom Bettenmachen, ist dies Symbol für eine neue Liebe.
- ❖ Träumt eine Frau von Efeu, verheißt es ihr viele Verehrer.
- ❖ Träumt man von Eichhörnchen, kündigt dies lieben Besuch an.
- ❖ Träumt man, dass Kinder Eis essen, gilt dies als Zeichen für Glück und Wohlstand.
- ❖ Wer im Traum auf einem Elefanten reitet, gelangt zu Reichtum und großer Ehre.
- ❖ Träumt man von einem mächtigen Löwen, ist die Gefahr groß, besiegt zu werden.
- ❖ Wer im Traum nackt ist, hat unerlaubte Freuden gesucht und will dies verbergen.
- ❖ Wer von einem schwarzen Pferd träumt, wird wohl gute geschäftliche Aussichten haben, aber auch große Unzufriedenheit.
- ❖ Wenn eine Frau träumt, sie gebäre einen Pfirsichbaum, wird sie einen liebreizenden Sohn gebären, der jedoch nicht lange leben wird.
- ❖ Wer von reifen Pflaumen träumt, dem steht ein Trauerfall in der Familie bevor.
- ❖ Von Reisbrei zu träumen, bedeutet Armut.
- ❖ Wer im Traum Schildkrötensuppe isst, findet Gefallen an Intrigen.

- ❖ Wer im Traum einen Schleier trägt, ist nicht ehrlich zu seinem Partner und arbeitet mit Tricks.
- ❖ Ein schwarzer Schwan im Traum deutet auf ein verbotenes Vergnügen hin.
- ❖ Von einem Tanzfest zu träumen, bedeutet Tod.
- ❖ Reicht im Traum eine Frau einem Mann einen gefüllten Kelch, bedeutet das eine verbotene Affäre.

Im Aberglauben des Volksmundes wurde vieles mit Tod und Unglück in Verbindung gebracht. Man war da nicht zimperlich in der Deutung und verbreitete so Angst und Schrecken. Von Knoblauch und Zwiebeln, von Stiefmutter, Stiefvater oder Schwiegermutter zu träumen, war Hinweis auf zu erwartendes Unglück. Auch von Fischen, Wespen, Wölfen oder Schlangen zu träumen, bedeutete Unglück. Von einem Schimmel zu träumen, sogar den Tod.

Die Deutungen sind recht einfach in ihrer Aussage und man spürt die Ängste vor dem Unbekannten und dem Tod dahinter. Andererseits auch die ewig alten Sehnsüchte nach Liebe und Reichtum. Und da ist vom Apfel bis zur Tomate auch alles recht, um die Hoffnung zu vergrößern.

Eigene Traumsymbole –
Assoziationen / Analogien

Nun aber zu unseren eigenen Traumsymbolen, die wir durch Assoziationen ermitteln. Assoziationen sind Symbol-Spontandeutungen. Man pickt sich aus dem Traum die wichtigste Person oder einen auffallenden Gegenstand heraus und fragt sich, was dieses Symbol in dem Moment der Frage für eine Bedeutung hat. Deshalb ist es auch wichtig, sich diese Frage so früh wie möglich nach dem Traum zu stellen. Schon Stunden oder gar Tage später kann die Deutung sich verändert haben, je nach unserer Stimmung.

Zum Beispiel fragte ich Robert nach seiner Assoziation zu „Chef". Er sagte „Wohlwollen". Aber in der nächsten Woche, als ich es ihn noch einmal fragte, gab er zur Antwort: „Lass mir nichts sagen". Er war zu diesem Zeitpunkt in einer anderen Stimmung, war eben selbst nicht wohlwollend und also mehr in der Stimmung, wo man sich nichts sagen lassen will. Und schon hatte sich die Assoziation, die ja nur eine momentane Stimmung wiedergibt, verändert.

Wenn Sie die nachfolgende Assoziations-Liste ausfüllen, interpretieren Sie nicht mit dem Kopf, sondern aus dem Bauch heraus. Gehen Sie von ihrer momentanen Stimmung aus. Deshalb drückt die gefundene Assoziation eine Augenblicks-empfindung aus:

Ihre Seelenverbindungs-Momentan-Möglichkeit !

Wenn Sie dann später einmal von den in Ihrer Liste aufgeführten Symbolen träumen, hat Ihre Seele vielleicht schon eine andere, zutreffendere Möglichkeit entdeckt. Es gibt aber auch Symbole, die sind unumstößlich. Sie können und sollten sich stets selbst überprüfen.

Am Besten ist es, spontan nach dem Traum eine dazu passende Assoziation zu finden. Sie können diese ja mit Ihrer Liste vergleichen.

Zum Beispiel bei der Assoziation zu „Feuer" gehen die Meinungen sehr auseinander. Das geht von „leuchtet", „Hitze/Wärme" bis hin zum „Lagerfeuer" auf der einen Seite und „Verbrennungen" auf der anderen Seite.

Bei der Assoziation zu „Wasser" waren Robert und ich uns

Im Teil 4 finden Sie Assoziationsbeispiele, die Ihnen zeigen, wie ähnlich wir uns oft sind - aber auch, wie unterschiedlich.

einig: „kühlt" und „Kühle" sagten wir spontan. Da Wasser auch eine archetypische und astrologische Symboldeutung für Mutter hat und wir beide kühle Mütter hatten, sind wir an dieser Stelle von der Oberfläche, die die Assoziationen meistens ausdrücken, etwas tiefer geraten.

Assoziationen entsprechen einer momentanen Einschätzung und der obersten Schicht unserer Empfindungen. Eben oft nur der obersten Schicht. Darunter gibt es noch tiefer liegende Schichten, mit denen wir uns im Erkennen schon schwerer tun.

Und manchmal haben wir das Gefühl, dass unsere Seele uns mit der Auswahl von tiefer liegenden Symbolen überschätzt. Eine Seminarteilnehmerin drückte es so aus: „Warum ist das nur so schwer zu verstehen?"

Ich glaube, das ist es nur so lange, wie wir noch ungeübt sind. Mit der Zeit ist es mir jedenfalls so ergangen, dass ich immer besser und deutlicher verstehen kann, was meine Seele mir mitteilen will. Man könnte es auch so beschreiben: die Sprache der Seele ist erlernbar. Und ich finde, sogar viel, viel leichter als eine Fremdsprache.

Unsere Seele kennt unsere Assoziationen der Oberfläche, sie kennt auch die Assoziationen unserer tieferen Schichten, und sie wird das eine wie das andere benutzen. Es sind Werkzeuge für sie. Und wir werden mit der Zeit geübte Dolmetscher werden.

Für Ihre Traumdeutung ist der augenblicklich gefundene Vergleich richtig und wichtig. Schreiben Sie jedoch später ermittelte Assoziationen ebenfalls in Ihre Assoziations-Liste und wägen Sie ab, ob die alte Symboldeutung mit der neuen eine Verbindung eingeht. Oder stellt sie evtl. das Gegenteil dar? Dann haben Sie die zwei Seiten einer Sache gefunden, die positive und negative Seite. So wie alles im Leben seine zwei Seiten hat.

> *Füllen Sie Ihre Assoziations-Liste aus der momentanen Stimmung heraus aus. Finden Sie jedoch nach einem Traum so schnell wie möglich die für diesen Traum-Moment passende Assoziation. Und vergleichen Sie !!*

Denken Sie an Roberts Chefinterpretation: „Wohl-wollen" und „sich-nichts-sagen-lassen". Wenn Robert wieder von einem Chef träumt und keine der genannten Assoziationen dazu passend finden sollte, findet er sicher eine dritte, in diesem Augenblick zutreffendere Beschreibung, die dann

seinen momentanen Gefühlen besser entspricht.
Und deshalb: achten Sie auf Ihre Gefühle bei den
Assoziationen. Es wird wohl keiner bei dem Wort
„Arbeitslosigkeit" ein gutes Gefühl haben, aber die
Assoziationen von Seminar-Teilnehmern wie
„Hilflosigkeit", „total aufgeschmissen" bis „Elend"
zeigen kleine Unterschiede in den Empfindungen.
Jeder sieht es als etwas Schreckliches an, drückt es
aber nuanciert anders aus. Und durch diese
Nuancen, diese feinen Unterschiede, kann sich die
Traumdeutung verändern.

Diese feinen Unterschiede werden Sie auch bei einer wiederholten Assoziation feststellen. Und

> Wer anfangs noch „Ekel" assoziiert bei einer Schlange und später „auch nur ein Tier" sagt, ist schon ein Stück weiter, hat seine Abneigung überwunden.

das könnte auch eine Weiterentwicklung darstellen.
So kann uns diese Liste, wenn wir sie öfter unter
veränderten Bedingungen ausfüllen, auch einen
Einblick in unsere Gefühle geben. Dann wird auch
diese Liste zu einem Stück „Erkenne-dich-selbst!"

Eigene Assoziationen / Traumsymbole

	1. Assoziation	2. Assoziation
Feuer		
Wasser		
Sturm		
Überschwemmung		
Kälte		
Natur		
Blumen		
Veilchen		
Rose		
Bäume		
Eichhörnchen		
Berge		

154

	1. Assoziation	2. Assoziation
Erdbeben		
Wald		
Bächlein		
Meer		
Boot		
großes Schiff		
Schiffsunglück		
Eisenbahn		
Bahnhof		
Auto		
Autounfall		
Fahrrad		
Flugzeug		

	1. Assoziation	2. Assoziation
Flugzeugabsturz		
Vögel		
Hund		
Katze		
Pferd		
Arbeit		
Haus		
Feld		
Garten		
Küche		
Wohnzimmer		
Schlafzimmer		
Esszimmer		

	1. Assoziation	2. Assoziation
Bett		
Keller		
Licht		
Sterne		
Komet		
Komet fällt vom Himmel		
Engel		
Himmel		
Christus		
Gott		
Glück		
Angst		
Wut		

	1. Assoziation	2. Assoziation
Traurigkeit		
Freude		
Tag		
Nacht		
Fernsehen		
Koffer		
Vater		
Mutter		
Bruder		
Schwester		
Tochter		
Sohn		
Großvater		

	1. Assoziation	2. Assoziation
Großmutter		
Schule		
Lehrer		
Chef		
Freundin		
Freund		
Regenbogen		
Sonne		
Mond		
Rot		
Blau		
Grün		
Weiß		

	1. Assoziation	2. Assoziation
Schwarz		
Pistole		
Schuss		
Tod		
Krankenwagen		
Krankenhaus		
gebrochenes Bein		
Streit		
Brücke		
Weihnachten		
Ostern		
Frühling		
Sommer		

	1. Assoziation	2. Assoziation
Herbst		
Winter		
Advent		
Dieb		
Mord		
Vergewaltigung		
Buch		
Feuerwehr		
Jäger		
Soldat		
Arzt		
Blitz		
Donner		

	1. Assoziation	2. Assoziation
Frieden		
Quelle		
Schaukel		
Kaffee		
Tee		
Duschen		
Baden		
Ausländer		
Urlaub		
Politiker		
Politik		
Tränen		
Schmetterling		

	1. Association	2. Association

Schlange

Toilette

Geld

Sonnenaufgang

Geburt

die Zahl 7

die Zahl 13

die Zahl 12

Eigene Symbole:

....

....

....

....

Nehmen wir das *Beispiel „Feuer"*,

um die Unterschiede der Assoziationen bei diesem Begriff zu verstehen. Angenommen, Sie haben diesmal in Ihre Assoziations-Liste „Lagerfeuer" eingetragen. Damit verbunden sind Gefühle von Abenteuer oder Gemütlichkeit. So gesehen ist Feuer etwas Angenehmes, Harmloses.

Wenn Sie aber ein anderes Mal die Assoziation „Es brennt" schreiben, dann hat sich in Ihnen etwas verändert und die momentane Situation deutet auf Gefahr hin. Achtung, sagt Ihnen diese neue Symboldeutung, es brennt irgendwo. Und dann kann es - muss aber nicht - ein äußeres Feuer sein. Meistens ist jedoch ein inneres Feuer gemeint, das in der Gefühlswelt ausgebrochen ist und gelöscht werden möchte.

In meinen Astrologie-Kursen habe ich den Unterschied zwischen den Feuerzeichen bildhaft so dargestellt:

Widder = ein junges, aufzüngelndes
              Lagerfeuer

Löwe = ein wärmendes Feuer im Kamin

Schütze = die zum Himmel
                emporsteigende Lohe.

Die Symbole, die wir finden, entsprechen unserer inneren Einstellung und unserer geistigen Entwicklung.

Sie können Ihre Assoziationen auch malen. Dann kann manches deutlicher werden!
Nachfolgend einige gemalte Assoziationsbeispiele für „Feuer" und „Es brennt".
Erst **„Feuer":**

Dieses lodernde Inferno von Robert ist im Original unten in braun (Baumstämme), mit noch dunkelgrünen Blätterresten und oben „brennend" rot-orange-gelb gemalt. Ein beängstigendes Bild!
Robert ist mit Mars im Schützen auch ein feuer-

betoner, kämpferischer Mann, obwohl seine weiteren Horoskopanteile eher luftig und wässrig sind (Waage/Luftelement und Skorpion/Wasserelement). So weiß es nur der, der ihn kennt, welch ein Feuer in ihm brennt.

„Es brennt":
Robert nimmt die Aufforderung wortwörtlich und malt einen Mann, der die Hände vor den Mund hält und „Achtung! Es brennt" ruft. Im Original zur Unterstreichung mit kräftigen Farben.

Mein Feuer sieht dagegen kontrollierter aus (obwohl ich mit Widder und Löwe sehr feuerbetont bin), wohl eine Lohe, aber im Original in orange und gelb gemalt, ohne rot.

Bei dem brennenden Wald sind die Farben etwas kräftiger, aber es fehlt weiterhin die Farbe Rot, die das Feuer dunkel und gefährlich wirken lässt (weil mein Feuer-Mars im Zeichen Krebs steht, und das ist ein Wasserzeichen: Feuer in Wasser: zisch - aus).

Deshalb wirkt mein „Es brennt"-Bild nicht so gefährlich, auch weil ich für die aus dem Wald fliehenden Waldtiere gleich ein rettendes kleines Bächlein dazu gemalt habe.

Der Wald brennt, aber die Tiere sind gerettet.

Das Bild von meiner Enkelin Jetske zeigt sogar ein sehr harmonisches Feuer (siehe Innenseite vorne).

Und bei der Assoziation zu „Es brennt" dachte ich erst, nun zeigt sich, wem Jetskes Sorge gilt: ihrem Lieblingstier, dem Pferd. Doch sie erklärt: „Es ist ein Polizeipferd, das über's Feuer springt." Also Stärke sagt ihr Bild aus und nicht Angst bzw. Schwäche! Auch Sorgfalt: genau in die Feuer-Lücke treten die Pferdehufe!

Fragen Sie Ihre Seele –

Traumdeutung für Fortgeschrittene

Wenn Sie Ihre eigenen Traumsymbole herausgefunden haben, wenn Sie Ihre Gefühle angeschaut haben, wenn Sie den roten Faden gefunden haben und immer noch nicht wissen, was dieser gleichnishafte Traum Ihnen sagen möchte - dann müssen Sie üben, üben, bis Ihnen ein Licht aufgeht. So werden Sie ein fortgeschrittener Träumer! Und es wird leichter.

Und dann gibt es noch eine weitere Deutungsmöglichkeit: fragen Sie Ihre Seele!

Ihre Seele bzw. Ihre Seelenführer sind unermüdlich mit den Botschaften an Sie. Seien Sie ebenfalls unermüdlich! Üben Sie die Annäherung an Ihr Seelenpotential. Schließlich ist unsere Seele ein Teil von uns. Oder sind wir ein Teil von ihr?

Traumdeutung ist Vertrauenssache. Vertrauen Sie Ihrem Inneren? Glauben Sie überhaupt daran, dass Sie eine innere Instanz haben, deren Bewusstsein höher ist als das Ihres Menschen? Erst wenn Sie das bejahen können, nehmen Sie Kontakt auf mit der göttlichen Welt im Urgrund Ihrer Seele! Treten Sie in das Licht Ihrer Seele! Wem danach ist, der verneige sich vor der Allmacht Gottes und seiner Liebe, von der er ein Teil ist.

> Dem Zustandekommen einer Verbindung mit unserer Seele liegt eine Schwingungsanhebung zugrunde. Denn unsere Seele hat eine höhere Schwingung als der Mensch. Wir müssen uns zu ihr „aufschwingen". Dazu müssen wir still werden und in uns göttliche Gedanken der Liebe aktivieren.

Wie sie Ihre Seele bzw. Ihre Seelenführer ansprechen, ist Ihnen überlassen. Erheben Sie Ihr Bewusstsein und sprechen das aus, was Sie in diesem angehobenen Zustand empfinden (bei mir kommt einfach: „Christus meiner Seele").

Sprechen Sie mit Ihrer Seele und Ihren Seelenführern wie mit einem guten Freund, dem Sie vertrauen. Bitten Sie diesen Freund um Hilfe, ihn besser verstehen zu können.

Geben Sie nicht gleich auf! Wiederholen Sie Ihren Wunsch immer wieder. Üben Sie, Ihre Schwingung im Gebet, in einer Meditation, durch Verbindung mit der Natur oder durch hochschwingende

Musik oder Worte wie „Liebe / Gott / Einheit"
usw. in Gedanken oder verbal anzuheben. Mich
hebt das Wort „Christus" sofort an, wenn ich es in
Gedanken formuliere.

Irgendwann wird die Verbindung, die bisher nur
im Traumbewusstsein erfolgte, auch im Wachbewusstsein funktionieren. Ich selbst habe auch Jahre
fortlaufender Übung und konsequenter Hinwen-
dung gebraucht, bis sich der Kontakt herstellte.
Und doch erlebe ich immer wieder mal Tage, an
denen ich „nicht gut drauf bin", wo die Verbindung nicht klappen will. Dann warte ich, bis sich
meine Schwingung wieder erhöhen lässt. Oder ich
überprüfe, ob meine Antenne wirklich auf das
Höchste ausgerichtet ist bzw. vielleicht vorübergehend sich von Materiellem oder anderen Sorgen in
tiefere Schwingungen hat ziehen lassen. Dann muss
ich mich erst um meine Ausrichtung kümmern
bzw. meine Gebete verstärken.

Wenn Sie sich schwingungsmäßig angehoben
fühlen, eine „Leitung nach oben" herstellen
konnten, ergeben sich weitere Möglichkeiten:
Begeben Sie sich zur Auflösung eines Traumes noch
einmal in die Traumbilder gegen Schluss Ihres
Traumes. Bitten Sie dort um weitere Hinführung

zum tiefen Sinn der Traumsymbolik.

Entweder sendet Ihnen Ihre Seele weitere Bilder oder Sie haben auf einmal das Gefühl, die Seele würde in Ihre Gedanken einsprechen. In diesem Fall sind Sie in dem Land der Stille Ihrer Seele angekommen, und Sie haben konzentriert alle anderen Gedanken ausgeschaltet (das setzt eine längere Übungszeit voraus – vielleicht sind Sie aber auch ein Naturtalent, und es geht so rasch und problemlos, als öffneten Sie eine vertraute Tür).

> Seit etwa 30 Jahren bin ich - und also die Antenne meiner Seele - auf Christus ausgerichtet. Wenn ich mich mit meiner Seele verbinde, bin ich mit dem kosmischen Christusbewusstsein verbunden. Worauf man sich ausrichtet, das antwortet.

Sehr wirkungsvoll (meine liebste Übung) ist der Wunsch nach einem **Resümeebild.** Wer dies empfangen kann, weiß oft mit einem Male den tiefen Sinn seines Traumes. In einem einzigen Bild kann alles enthalten sein, was man wissen möchte. Es ist wie eine Quintessenz, eine umfassende Erklärung, und es wirkt in einem Augenblick sowohl über das Bild als auch über die Gefühle.

Außer, dass wir uns den Kopf „zerbrechen" und hin und her überlegen (mal mit der bildhaften rechten Gehirnhälfte, mal mit der logischen linken), haben wir also noch diese genannten drei weiteren Möglichkeiten, um die Botschaften unserer Seele zu verstehen:
Hier eine Zusammenfassung von diesen:

A) Erwünschte Fortführung des Traumes im Wachbewusstsein: eine Bitte an unsere Seele bzw. unsere Seelenführer um weitere Traumbilder und Sinnfindung.

B) Eine weitere Bitte an unsere Seele: Wir wünschen uns ein Resümee-Bild, das uns den Sinn des Traumes über unsere Gefühlswelt erklärt.

C) Wir erhöhen unsere Schwingung (z.B. durch Gebet) hin zum Schwingungspotential unserer Seele und gehen auf Empfang in der rechten *und* linken Gehirnhälfte. So erhalten wir in unserer üblichen Sprache (oft jedoch auch noch gleichnishafte und bildhaft ausgedrückte) Erklärungen. **Achtung!!!** Dies sollte nur der erbitten, der weiß, dass seine Seelenantennen in der Stille wirklich auf das Höchste ausgerichtet sind!!!

Das alles bedarf einer Übungszeit. Ich habe lange geübt, ohne zu wissen, dass ich in beiden Gehirnhälften empfangen wollte. Dann aber ergab es sich einfach. Und inzwischen sind wir ein eingespieltes Team, meine Seele und ich. Kein Wunder, wir sind ja eng miteinander verbunden.

Das nachfolgende *Beispiel* zeigt diese Vorgehensweise für Fortgeschrittene an einem einfachen Verarbeitungstraum:

Traum Anne im Oktober 2007:

 Neue Wohnung. Meine Hündin Charlyn begrüßt am Gartenende andere Hunde und läuft mit ihnen die Straße hinunter. Ich überlege, ob ich hinterher laufen soll, entscheide mich aber dann fürs Auto, weil ich sowieso einkaufenfahren will. Fahre rückwärts und dabei die Böschung hinunter auf ein Feld. Dort muss ich einen großen Bogen fahren, und komme endlich wieder zum Haus zurück. Charlyn ist schon da, hockt vor der Eingangstür. Als sie mich sieht, dreht sie sich um, den Blick intensiv auf mich gerichtet,

und zeigt mir, dass sie verletzt ist. Sie blutet.
Traue mich nicht, sie anzufassen.

Gefühl eher neutral, keine Angst, keine Panik.

Denke nur: Nun muss ich also doch zu einem
Tierarzt.

(Erklärung: ich war schon 5 Jahre nicht mehr beim
Tierarzt, weil der alte verstorben und mein Hund
gesund ist, und so komme ich auch um die
Impfungen herum, von denen ich meine, dass sie
eher krank als gesund machen.)

A) Fortführung des Traumes:

Ich bitte den „Christus meiner Seele" um eine
Fortsetzung des Traumes und gehe gedanklich zum
Traumende zurück: nun spüre ich die übliche
Sorge um mein Tier, und schon entwickelt sich der
Traum im Wachbewusstsein weiter:

Ich lege ein Handtuch in Charlyns Körbchen
und fahre zu einem Tierarzt. Dort rufe ich
schon an der Tür: „Schnell, schnell, mein
Hund ist verletzt". Damit ich gleich dran-
komme. Ich bitte den Arzt um eine Spritze
gegen Schmerzen. Es ist dann aber alles
nicht so schlimm, wie ich befürchtet hatte. Es
sind nur Verstauchungen und Quetschungen.
Charlyn bekommt eine Salbe, die schmerz-
lindernd und heilend ist.

B): Resümee-Bild

Ich schließe die Augen, bete inniglich und wünsche
mir ein Resümee-Bild.

Plötzlich ist es da. Ich sehe folgendes Bild:

> Mein Hund springt in meine Arme.
> *Gefühl: er fühlt sich bei mir geborgen.*

C): Erklärung

Ich richte mich wieder auf den „Christus meiner
Seele" aus, bis sich meine Schwingung erhöht. Nun
weitet sich mein Bewusstsein (auch spürbar in der
rechten *und* linken Gehirnhälfte) und mich um-
hüllt eine kosmische Einstrahlung. Aus der Stille
erreicht mich eine Antwort über meine Seele:

> Deine Angst ist im Traum nicht ausgeprägt.
> Du weißt dort, was zu tun ist und willst
> handeln. Deine Beunruhigung, dass der
> Hund weggelaufen ist, ist auch nicht sonder-
> lich groß. Im Traum bist du vernünftiger und
> ruhiger als im Wachbewusstsein. Der Traum
> zeigt dir dein inneres Potential.

Der Traum zeigt mir also, dass ich Vertrauen
haben kann und mich nicht fürchten muss, auch

nicht vor einem Unfall. Es geht um die Panik, die mich stets überfällt, wenn ich daran denke, dass dem Hund etwas passieren könnte. Interessant ist, dass im Traum der Hund ruhig und vertrauensvoll ist, und ich dort auch viel ruhiger agiere als normal (im Tagesbewusstsein).

Das Bild bestätigt, dass sich mein Hund bei mir geborgen fühlt und mir vertraut. Die gefühlsmässige Aussage des Traumes ist, dass auch ich ebenso vertrauen kann wie mein Hund. Was auch passiert, es ist gut.

Der Sinn des Traumes ist, mich zu beruhigen und meiner Angst entgegen zu wirken.

Der Traum hat seinen Sinn erfüllt: er hinterlässt das beruhigende Gefühl, dass ich geborgen bin, genauso wie mein Hund. Ein kleiner Traum, aber ein großer, wichtiger Wegweiser!

In die inspirierenden „Gedanken" unserer Seele können auch unsere Geistführer (Schutzgeister) einsprechen – sagen die, die es erlebt haben. Jeder stellt seine Seelen-Antennen anders ein.

Übrigens: die beschriebene Fortsetzung des Traumes war ein Wachtraum!

Beispiel Traumdeutung Mia

An Mias Beispiel möchte ich zeigen, wie weitgehend Traumdeutung gehen kann. Wenn etwas tief, tief im Bewusstsein verborgen liegt, genügt weder ein einziger Traum, noch kann eine einmalige Traumdeutung dann wirklich umfassend hilfreich sein.

Da Mia vier Kinder hat und wenig Zeit, haben wir für unseren Gedankenaustausch die Form von E-Mails gewählt. Und am Ende unserer gemeinsamen Untersuchungen (unserer „Buddelei") haben wir bei einer Tasse Tee Rückschau gehalten.

1. Traum – Mia erzählt:

Mittelalterliche Kulisse. Auf dem Marktplatz steht ein Vampir und nimmt mir den jüngsten Sohn aus den Armen, beißt ihn. Meine beiden älteren Kinder sagen: „Er ist verloren". Aber ich sage: „Ich mache ihn heil mit meiner Mutterliebe".
Gefühl: Angst, ich schaffe es nicht.
Bereits die übernächste Nacht die Fortsetzung. Diesmal ohne Kinder. Mit meinem Mann in einem großem Haus aus Glas. Sage: „Jetzt kommt er wieder" und schließe

178

Fenster und Türen. Fordere meinen Mann auf, sich unter die Couch zu legen.

Gefühl: Angst, dass auch wirklich alle Fenster zu sind.

Deutung:

Ein Vergangenheitstraum. Etwas selbst Erlebtes? Auf jeden Fall Hinweis auf eine alte Begegnung mit einem Blutsauger, mit einem Menschen, der anderen die Energie raubt. Um solchen Typen, die es früher gab und heute gibt, aus dem Weg zu gehen, hat Mia ihre Mutterliebe aktiviert. Der beschützende Anteil in ihr wird dieses Erlebnis jedoch noch weiterhin in Bewegung halten, weil sie Angst hat vor dem Vampir, vor einem Energieklau.

Auch als sie dann im Traum die Fenster des Glashauses schließt, wo jeder reinschauen kann (und sie als Lichtsuchende erkennt), zeigt sie ihre Angst. Und Angst zieht den Vampir an. Das Licht wäre hilfreich gegen den Vampir, denn er scheut es und sucht die Dunkelheit (und die Angst). Um in der Dunkelheit zu überleben, braucht er dann und wann frisches Blut, sprich: göttliche Energie. Diese jemandem abzuzapfen, ist sein Lebenselexier.

Wenn Mia die Angst vor solchen Blutsaugern ins

Licht legen kann bzw. dem übergibt, an den sie glaubt, kann sie diese alte Angst – auch weil sie ihr nun bewusst wird – verlieren. Denn ihre Mutterliebe ist in der Tat stärker.

Mia antwortet auf diese Deutung:
> „Ich ahne, dass da etwas lauert." Und sie befürchtet, dass es noch nicht vorbei ist.

Da ich Mias Horoskop kenne und weiß, dass der Macht- und Ohnmachtsplanet Pluto (Symbol für „Stirb und Werde") gerade über ihren kämpferischen Schütze-Aszendenten gelaufen ist und sich jetzt im 1. Haus befindet, gebe ich ihr recht, es ist noch nicht vorbei. Da müssen wir noch - vielleicht gemeinsam - buddeln.

Es ist für Mia wichtig, dass ihr Grenzen aufgezeigt werden, die Grenzen eines nur auf's Gute und Edle ausgelegten Lebens. Denn es geht im Augenblick um die Gegenseite, um die gefährliche Seite, die man so lange wie möglich ausklammern möchte, weil man ihr nicht begegnen will. Das ist ein Verdrängen der Pluto-Welt (doch weil Pluto die letzten beiden Jahre über ihren Aszendenten gelaufen ist, hat er sich in Erinnerung gebracht) - und das Verdrängen der Unterwelt.

Es wäre doch schön, wenn es diese Gegenseite nicht gäbe! So denken vor allem die Menschen, die sich dem Geistigen zuwenden, denn sie wenden sich ja damit der Liebe und dem Licht zu. Und sie verdrängen leider allzu oft die Schatten und die Dunkelheit, die es nun mal auf dieser Erde (und in den eigenen Seelenhüllen) gibt. Doch den Unterschied zwischen Gut und Böse, zwischen Hell und Dunkel gilt es erst einmal in seiner Polarität klar zu erkennen, die Konturen nicht zu verwischen, weil man sich sonst nicht klar entscheiden kann. Dafür oder dagegen!

Die Zeit der Pluto-Konstellation am Aszendenten fordert dies besonders heraus, und auch, wenn Pluto dann im 1. Haus angekommen ist, im Lebensbereich der Persönlichkeit. Deshalb ist es wirkungsvoll, sich seinem Unterbewusstsein zu stellen, um sein Unterbewusstes in seiner unerlösten Negativ-Form zu erkennen, Denn wenn das Dunkle ins Licht gezerrt wird, ist es schon seiner Wirkung beraubt. Und die Angst wird weniger.

Deshalb geht es jetzt bei Mia darum, ihre Ängste beim Namen zu nennen und zu sehen, wie viel Wirkung sie noch haben, um diese auflösen zu können. Denn nur dem Gegner, den ich kenne, kann ich mich stellen oder kann mich von ihm abwenden, wenn ich dann endlich weiß, von wem ich mich abzuwenden habe, sonst bekomme ich ihn nie los.

Ich bitte Mia um ihre Assoziationen zu Vampir, Teufel, Pluto und „Das Böse":

Vampir: Edel wirkendes Geschöpf, anziehend, bis man es fälschlicherweise zu nahe an sich heranlässt. Wenn man schließlich erkennt, dass es ein Vampir ist, kann es schon zu spät sein.
Man darf ihn nicht in sein Haus lassen, denn sonst kann er alle, die darin wohnen, aussaugen.

Teufel: da fällt mir Cernunnos ein, der „Gehörnte", vor dem viele wiederum fälschlicherweise Angst haben, weil er von der Kirche zum Teufel umgewandelt wurde. Ich glaube nicht an den EINEN BÖSEN. Er ist für mich vielmehr das Zeichen, den Blickwinkel zu ändern, zu hinterschauen.

Pluto: Macht und Ohnmacht. Wirklich mein zentrales Thema seit zwei Jahren! Je mehr ich erkenne, je mehr ich sehe, was es noch alles gibt auf dieser Welt, umso mehr erkenne ich auch, wie angreifbar wir sind. Seit der Geburt meiner Tochter vor sieben

Jahren ist mir schlagartig die „andere" Welt bewusst geworden, das Ungreifbare, das Spirituelle, und auch Gott.

Und je größer mein Wunsch und Verlangen wird zu lernen, bewusst zu werden und dem Licht zu dienen, umso mehr erkenne ich, wie angreifbar wir sind. Und wie soll ich meinen kleinen Sohn vor dem Angriff schützen, wenn ich gleichzeitig immer Angst bekomme, der vermeintliche Lehrer könnte ja auch seine Macht missbrauchen und evtl. doch nicht so ein Lichtdiener sein, wie ich glaube? Ich habe Angst, dem Falschen die Tür zu öffnen.

Das Böse: Allein bei dem Gedanken bekomme ich Gänsehaut. Da kommen so schreckliche Bilder, die ich nicht haben will. Ich wäre fähig, einen Kinderschänder zu töten – aber wäre ich dann nicht auch ein Mörder? Ich hatte schon so schreckliche Träume, musste unsichtbar bei Morden zuschauen und konnte nicht helfen. Ich weiß, was gleich geschehen wird, kann es nicht verhindern und muss dabei zusehen. Nach so einer Nacht habe ich Angst, durchzudrehen, überzuschnappen.

Ergänzend kommt ein weiteres E-Mail von Mia über ihren Traum von einem Mörder. Sie hatte von seiner Verhaftung im Fernsehen erfahren. Bereits in der darauf folgenden Nacht hatte sie wieder einen Angsttraum.

Mia schreibt:

Der erste Traum, bei dem ich einem Mörder bei seiner Tat zuschauen musste, war letzten August, als ich schwanger mit dem Jüngsten war. Ich habe aus Sicht des ersten Opfers geträumt, das seinen Mörder als Geist verfolgt und zusieht, wie er weiterhin auflauert und möchte die Opfer warnen und niemand hört es oder sieht den warnenden Geist. Und er vergewaltigt und mordet wieder und wieder.

📧 2. Traum:

Nun der zweite Mord dieser Art. Keine Vergewaltigung, nur Mord. Und ich habe gesehen, dass er/oder sie meine Tochter beobachtet.

Und Mia fragt, ob das Fantasiebilder sind und was es ihr sagen soll?

Wie kann ich so eine Angst ins Licht bringen? Ich neige eher wie der Erzengel Michael dazu, das Schwert zu ziehen und das Licht zu verteidigen, das Böse zu zerstören und nicht wegzuwünschen. Aber ist das nicht auch schon wieder böse, als Mensch einen anderen auszulöschen, egal was er getan hat? Aber wenn ich nun etwas verhindern könnte ..."

Meine E-Mail-Antwort:
Wir sind auf dieser Erde, um die Polaritäten zu durchlaufen und die Entscheidung *für* oder *gegen* das Licht zu treffen. Tiefgefallene lichtlose Seelen, die sich gemäß ihrem freien Willen gegen die Liebe und für den Hass entschieden haben, wollen uns auf ihre Seiten ziehen. Sie morden oder stiften zu Mord und Missbrauch an, vor allem Macht-missbrauch. Wir erleben alle, noch mehr oder schon weniger, diesen Kampf zwischen Licht und Finsternis in uns und unseren Gedanken. Und das „Böse" im Anderen ist uns so lange Entsprechung als wir noch ein Quentchen davon in uns haben.
Ich glaube auch nicht, dass es d e n „Gehörnten" gibt, aber dass manche in den Seelenreichen so herumlaufen, um uns Angst zu machen. Und dieser ein Mittel des Machtmissbrauchs der veräußerlich-ten Machtkirche war und ist, die vor allem im Mittelalter mit Teufelsaustreibungen und Hexen-verbrennungen ihren Höhepunkt hatte.

Aus heutiger „aufgeklärter" Sicht sehen wir, dass die damalige Angst-Propaganda eine wirksame war (und heute auch noch oft ist).

Für mich beschreibt das Wort „Satan" oder „das Satanische" die Wirkungsweise dieser lieblosen Schattenseelen, die gerne Einfluss auf uns nehmen möchten, vor allem auf Lichtsuchende.

Deshalb Deine Angst im Traum, dass auch wirklich alle Fenster geschlossen sind, um das Negative und Finstere nicht hereinzulassen.

Die Fenster in einem Glashaus zu schließen, ist jedoch ein Trugschluss und führt nicht zum Ziel. Denn unsere Gedankenwelt ist frei einschaubar (= das Glashaus ist ein wirklich gutes Sinnbild im Traum), gerade für diese Geister. Dadurch wird es ihnen möglich, durch „Einspritzungen" unsere Gedanken zu berühren und uns zu irritieren. Sie führen unseren Menschen in Versuchung, das Wort ist hier passend.

Und gerade wir Mütter, die die Kinder vor jedem Windhauch beschützen wollen, können und sollen dies wohl auch nicht, um die Entwicklung der Kinder nicht einzuschränken. Wir wissen ja nicht, was im Lebensskript unserer Kinder alles vorgesehen ist. Der beste Schutz ist sicher das, was ich als Mutter vorlebe: mein Vorbild, das auf Gott und seine Führung vertraut. Auch kann ich meine Kinder segnen und ins Licht stellen und mich als Mutter gleich mit. Aber die Versuchung aus dem Leben ganz herauszuhalten, ist wohl nicht möglich und auch sicher nicht im Sinne der Weiterentwicklung.

Den Traum aus Sicht der ermordeten Seele halte ich für kein Fantasiebild, sondern für eine Astralwanderung Deiner Seele, die Zuschauer wurde. Mit Deinem großen Schmetterling aus Deinem Traumsymbol-Bild wird das zur Zeit aktivierte Seelenpotential angezeigt, das zu solchen nächtlichen Seelenreisen fähig macht. Wer so viel Einblick erhält, wird daraus etwas zu lernen haben. Vielleicht wirst Du auf diese Weise angestoßen, Dich aus solchen Gefahrenzonen herauszuhalten, Dich nicht aus Mitleid und übertriebenem Mitgefühl mit Opfern und Hilfesuchenden zu identifizieren (die üblichen Probleme einer Fische-Sonne)? Anderer Leute Lernschritte sind deren Lernschritte. Und für ihre Entwicklung ist es sicher wichtig, dass sie diese möglichst alleine schaffen. Ohne Hilfe!

Meine Überlegung hierzu ist auch, dass es nichts gibt, was ohne Sinn ist und dass das Opfer gemäß der Wiedergeburtslehre ja selbst einmal Täter war und der jetzige Täter das frühere Opfer. So dass diese Welt im Ausgleich lebt. Ausgleich auch zwischen Licht und Finsternis und dass zu diesem Ausgleich auch die finsteren, lieblosen Gesellen beitragen. Sie stellen den Gegenpol dar.

Wie geht es weiter?

Mias Ängste steigern sich („Er grapscht nach den Kindern!"). Und ich befürchte schon, da Pluto nun noch einige Jahre durch ihr 1. Haus läuft, dass noch mehr Ängste, bisher unterdrückte Ängste, sich in der Traumverarbeitung zeigen werden.
Doch ab hier kann ich unsere Korrespondenz zusammenfassen, denn auf einmal ist der Knoten bei Mia geplatzt:
Mia erkennt, dass sie das „Böse" in einem Menschen, einem Verwandten personifiziert hat, der drogensüchtig ist und sie mit Drohungen in Ängste und Versuchung führt. Das ist also der Vampir, der sich an ihrer Angst labt. Und er wohnt gleich in der Nachbarschaft.
Mia erzählt, dass sie vor Jahren von einer Frau, der (hoffentlich!) diese Gefahr nicht bewusst war, dazu gebracht wurde, ihren „Kanal" in die geistige Welt vorzeitig zu öffnen. Das ist bei einer Fische-Sonne leicht möglich und leider oft der Fall, und

gerade dort auch oft eine große, unterschätzte Gefahr!

Der drogenabhängige Verwandte hat ebenfalls seinen „Kanal" offen und spielt entsprechend seiner Ausrichtung auf die Schattenseite Macht-spielchen mit Mia. Er erfreut sich ihrer Ängste, „trinkt" also auf diese Weise Energie.

Meinen dringenden Vorschlag, diesen „Kanal" mit einer Willensbekundung wieder zu verschließen, also vorerst nicht mehr auf Empfang zu gehen (so lange ihre Konzentration noch nicht ausschließlich auf die Lichtseite ausgerichtet ist und Ängste und Schattenbeispiele sie begleiten), kann Mia anneh-men. Vor allem auch, weil sie sich erinnert, dass sich einmal im Wachbewusstsein angsteinflößende Bilder durch den noch nicht gereinigten „Kanal" zeigten und die damals dreijährige Tochter diese Bilder ebenfalls sah und sich ängstigte.

Da ich auch deren Horoskop kenne und weiß, dass Mutter und Tochter empfindungsmäßig über eine Neptun-/Mond-Konjunktion verbunden sind, er-kläre ich ihr, dass die Kleine über diese sensitive Mondverbindung mit kanalisiert ist und auch empfängt. Ich rate Mia, sich erst einmal gründlich zu erden, bevor sie zur geistigen Sonne strebt und dass dazu, astrologisch gesehen, gerade eine gute Zeit ist.

Mia schreibt abschließend:

> Es ist gar nicht so leicht, die geistigen Bereiche zu schließen. Dachte immer, ich hätte kaum Zeit dafür und sehe jetzt, wie sehr doch unser Leben nach oben ausgerichtet ist. Aber ein hoch gewachsener Baum ohne tiefes Wurzelwerk stürzt beim starken Sturm. Habe mir nun Themen gewählt, um nicht die kommende Zeit als Stillstand zu empfinden. Werde mich nun vermehrt um unsere Ernährung kümmern und vielleicht endlich mal das Nähen erlernen. Auch schon lange mein Wunsch. Ich finde, das sind schöne erdige Bereiche. Die offene Willensbekundung ist ein guter Weg, und ich werde dabei gleich die Angst-Bänder durchschneiden.

Interessant ist an Mia's Symbol-Bild (Seite 336), dass ihr großer Schmetterling seitlich die Schlange berührt, so dass angenommen werden kann, dass ihr Unterbewusstsein auch auf diese Weise vor Gefahren und Versuchungen warnen möchte.

Ein weiteres EMail von Mia:

> Zum Thema Versuchung kenne ich eine

Übersetzung des Vaterunsers, in der es nicht wie gewohnt heißt „und führe uns nicht in Versuchung", sondern „und führe uns **in** der Versuchung". Schön, gell?

Ich freue mich, dass das so gut ausgegangen ist. Mia fühlt sich nicht mehr wie im Glashaus, sondern auch in der Versuchung geführt.
Nach ihrer Umstellung durch Einsicht und Willensbekundung
träumte sie, zu fliegen und sich völlig frei zu fühlen. Sie weiß nicht, welcher Vogel sie war, sie hatte beim Fliegen nur ihre braun gescheckten Schwingen gesehen.

Die Deutung ist einfach.
Symbolhaft hat Mia ihre befreite Seele als Vogel gesehen. Die braun gescheckten Schwingen zeigen ihr, dass da vorerst noch einiges an Erdfarbe (Erdhaftem) zu durchleben ist.

Und nicht nur im Inneren zeigt sich ein Erfolg. Die Wirkung breitet sich von der inneren Ebene aus zur äußeren: der „Vampir", der sie ängstigende und bedrängende Verwandte, ist weggezogen!!!

Allgemein gesagt, sehe ich eine Zunahme dieser Phänomene. Aber nicht nur Menschen mit einer Fische-Sonne kommen in der jetzigen Umbruchszeit (durch die Annäherung der Erde alle ungefähr 26.000 Jahre an unsere Urzentralsonne) in eine erhöhte Schwingung. Es werden noch viele Menschen hellsichtig und hellfühlend werden, nicht nur die bereits jetzt schon Sensitiven. Es liegt darin eine Gefahr, die erst beseitigt ist, wenn der Mensch, wie es im obigen Fall nun geschieht, sich genug geerdet und bewusst für das Licht entschieden hat, um auch Höhenflüge unbeschadet durchstehen zu können.

Bei Katja, einer anderen Fische-Sonne, wo bereits eine Hellsichtigkeit besteht und diese auch noch altersbedingt auf Licht wie auf Schatten ausgerichtet ist (siehe hierzu ihre Zeichnung auf Seite 346: die Schlange ist schon an der ungeschützten Haustür angelangt), habe ich ebenfalls eine Wartezeit vorgeschlagen, bis sich der „Kanal" auf eine einzige Frequenz einstellen lässt. Von ihr erhielt ich ebenfalls die einsichtige Antwort, dass sie nun endlich einmal das Nähen lernen möchte.
Woraus nicht unbedingt zu schließen ist, dass Fische-Sonnen gerne nähen lernen möchten, aber

wohl, dass Nähen als eine Arbeit angesehen wird, die mit dem Erdhaften verbindet. Denn astrologisch gesehen ist es so, dass gegenüber den Fischen die Jungfrau liegt, die auch aus der Opposition wirksam wird. Und es gibt wohl kaum eine passendere Beschreibung für Jungfrau-Tätigkeiten als die Genauigkeit und Geschicklichkeit von Näharbeiten. Allerdings wird der Jungfrau auch die Ernährung zugewiesen (Mia spricht sie an und Katja führt einen Bio-Laden).

Ergebnis:

die beiden Fische-Sonnen wechseln einfach nur die Seiten, sie richten ihre Gefühle und Aktivitäten vorübergehend auf bisher abgelehnte oder ausgeklammerte Lebensteile aus. Auf diese Weise vervollkommnen sie sich. Und verlassen die für sensitive Fische-Sonnen bekannte Gefahrenzone, die sie empfänglich macht für beide Seiten: Licht und Finsternis.

Ich möchte an dieser Stelle auf die Gefahr hinweisen, die entsteht, wenn wir die verführerische Gegenseite unterschätzen oder, wie heute in „aufgeklärten Kreisen", als altes Märchen abtun (das habe ich auch lange Zeit gemacht). Der Gegenspieler, der Satan, das Böse, der Fürst dieser Welt oder die „Illuminaten" – all das sind Beschreibungen für die lichtlosen Gesellen, die im Erdenkleid oder im Seelenkleid die Welt regieren und beherrschen möchten und uns in ihren Bann der Versuchung und materiellen Abhängigkeit ziehen wollen. Das können sie um so leichter, wenn wir sie übersehen, negieren bzw. unsere eigenen Schatten nicht aufklären, wodurch wir durch Entsprechungen wie mit unsichtbaren Fäden mit diesen Finsterlingen verbunden sind. So halten sie uns lange auf und von unserer wahren Heimat, den lichten Himmeln, fern. Um diesen geistigen Himmel in uns schon auf Erden zu erschließen, sind wir Mensch geworden. Und die Gegenspieler sind fleißige und intelligente Oppositionelle, die versuchen, uns diese Aufgabe so schwer wie möglich zu machen. Wie gut es ihnen gelingt, zeigen unsere Träume.

Mir fällt dazu ein Gedicht ein:

Es gibt nur zwei Seiten auf dieser Welt,
den Satan und das Himmelzelt.
Wir sind gekommen, ihn zu besiegen
und nicht, ihm zu unterliegen,
dem Fürsten dieser Welt.

Mit anderen Worten:

Das Grobe will fein werden.
Dafür muss die Abstoßung vom Groben
dergestalt erfolgen,
dass dieses abstoßend wirkt.

Und noch kürzer:
Wir haben die Wahl, wir können uns entscheiden zwischen Licht und Finsternis.

Unsere Seele zeigt uns in Träumen, auf welcher Seite wir gerade stehen. Aber auch, falls wir uns vorübergehend in dunklen Gefilden bewegen, um Eigenschaften wie Neid, Hass, Eifersucht usw. kennenzulernen, wie wir da wieder herauskommen können.

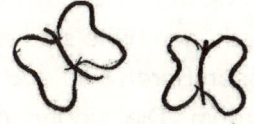

Berühmte Träumer:

Die wohl berühmteste Traumdeutung steht im 1. Buch Mose. Der Pharao träumte:

Er stand am Nil und sah sieben schön aussehende, fette Kühe aus dem Nil heraufsteigen, die im Ried weideten. Hinter ihnen sah er sieben schlecht aussehende und magere Kühe aus dem Nil heraufsteigen. Sie traten neben die Kühe, die nun schon am Ufer standen. Dann fraßen die sieben schlecht aussehenden und mageren die sieben schönen und fetten Tiere.

Darauf erwachte der Pharao. Als er dann wieder eingeschlafen war, hatte er einen zweiten Traum. Sieben Ähren wuchsen empor auf einem Halm, dicke und schöne. Nach ihnen schossen sieben dünne und vom Ostwind ausgetrocknete Ähren empor. Diese dünnen Ähren verschlangen die sieben dicken und vollen Ähren.

Und Joseph deutete diese Symbolträume:

Die sieben schönen Kühe sind sieben Jahre, und die sieben schönen Ähren sind auch sieben Jahre. Es ist derselbe Traum. Die sieben mageren, hässlichen Kühe, die nach ihnen heraufstiegen, sind wieder sieben Jahre, und die sieben leeren, vom Ostwind versengten Ähren werden wieder sieben Hungerjahre sein. Siehe, es werden sieben Jahre mit großer Fülle in ganz Ägyptenland kommen. Nach ihnen aber werden sieben Hungerjahre kommen. Da wird all die Fülle in Ägypten vergessen sein. Der Hunger wird das Land aufreiben, so dass man nichts mehr spüren wird von der Fülle im Land angesichts des Hungers, der hinterher kommt. Er wird überaus groß sein.

Und er gibt auch gleich Anweisungen für die Folgen:

Darum sehe sich Pharao nach einem verständigen und weisen Mann um, den er über das ganze Land Ägypten setzen kann. Und Pharao möge auch Aufseher über das ganze Land einsetzen, damit sie in den sieben Jahren der Fülle vom Land Ägypten den Fünften erheben. Sie sollen das gesamte Getreide dieser guten Jahre, die nun kommen werden, sammeln und das Korn aufspeichern, damit es dem Pharao zur Verfügung stehe. Sie sollen das Getreide in die Städte schaffen und es dort aufbewahren. So wird dieser Vorrat dann für das Land in den sieben Hungerjahren, die kommen werden, zur Verfügung stehen, und das Land wird durch die Hungersnot nicht umkommen.

Und wer war der verständige und weise Mann,

den der Pharao mit der Ausführung beauftragte? Joseph! Er erhielt den Siegelring des Pharaos, und dieser ließ ihn in weißlinnene Gewänder kleiden und ihm auch die goldene Kette um den Hals legen. Er gab ihm einen neuen Namen: Zaphenath -Paneah, d.h. „Gott spricht, und er lebt". Und er gab ihm auch noch Asnath, die Tochter Potipheras, des Priesters von On, zur Frau.

So machte ein Traumdeuter Karriere, und er war auch weiterhin ein weit blickender Gottesbote, denn als die sieben mageren Jahre kamen und damit die vorausgesagte Hungerszeit, waren genug Vorräte da, nicht nur für das Land Ägypten, sondern „alle Welt kam nach Ägypten, um sich bei Joseph Getreide zu kaufen".

Weitere berühmte Träumer und Traumdeuter *):
Caesars Frau Calpurnia träumte, sie hielte weinend ihren ermordeten Gemahl in den Armen.
Sie flehte deshalb ihren Mann an, die Senatssitzung zu verschieben. Das versuchte er auch. Doch es gelang nicht. Er ging hin - und wurde ermordet.

Auch die Frau des Pontius Pilatus erhielt eine Warnung im Traum und bat ihren Mann:

*) dem Buch „Traumdeutung" von Adrienne von Taxis
    entnommen

„Lasse die Hand von diesem Gerechten! Ich habe seinetwegen heute viel erlitten im Traum."
Auch dieser berühmte Mann hörte nicht auf seine Frau.

Präsident Abraham Lincoln träumte, dass er durch das erleuchtete Weiße Haus ginge, das ihm dennoch merkwürdig leer vorkam. Er hörte jämmerliches Schluchzen und ging in ein Zimmer, in dem ein Leichnam aufgebahrt lag, dessen Gesicht verdeckt war. Er fragte die Weinenden, wer der Tote sei und erhielt die Antwort: „Der Präsident wurde von einem Attentäter getötet."

Wenige Tage später wurde Präsident Lincoln bei einem Theaterbesuch erschossen.

Victor Samson, ein Nachrichtenredakteur der *Boston Globe* träumte von einem riesigen Vulkanausbruch auf einer ihm unbekannten Insel, wobei tausende Menschen ums Leben kamen.
Der Herausgeber druckte den detailgetreuen Bericht. Aber erst mehrere Wochen später (da 1883 Nachrichten noch lange brauchten für ihre Weiterleitung) wurde der Bericht bestätigt und dass der Vulkanausbruch 40.000 Menschen das Leben gekostet hatte. Und das tatsächlich genau zu

der Zeit, als Victor Samson davon träumte **).

Die letztgenannten Träume und Träumer sind deshalb berühmt geworden, weil ihre Warnträume tatsächlich eintrafen. Das entspricht nicht meinen Erfahrungen. Deshalb haben viele Menschen Angst vor ihren Träumen, weil sie befürchten, dass im Äußeren folgt, was im Inneren bereits als Bild vorhanden war. Ich gehe zum Beispiel bei dem Traum von Victor Samson davon aus, dass er auf einer *Astralreise* die wirklichen Bilder des Vulkanausbruches gesehen hatte.

Eine weitere Berühmtheit bezüglich Traumdeutungen wurde der österreichische Psychiater Siegmund Freud (1856 – 1939). Seine Aussagen stammen aus einer sexualfeindlichen Zeit, und so war wohl Freud ebenfalls aufgewachsen. In seinen Träumen verarbeitete er seine und die Probleme seiner Patienten. Und dabei hatte er weitgehend nur ein Thema: Sexualität. Für ihn waren Kirchtürme, Pistolen, Höhlen, Messer, Leitern, Türen, Treppen und Treppenstiegen sexuelle Objekte. Sogar Segelschiffe!

**) aus dem Buch „Das Buch der Träume" von Sylvia Browne

Als ein Patient von Freud „von einem Schiff unter vollen Segeln und mit vorgestrecktem Bugspriet träumte", deutete er freudtypisch das Schiff als Mutter und die Segel als ihre Brüste sowie den Bugspriet als Penis ***).

Er hatte wirklich nichts anderes im Sinn! Auch Landschaften teilte er in das ihn am meisten beschäftigende Thema ein: Felsvorsprünge deutete er als männliche, bewaldete Hügel als weibliche Genitalien.

Als ihm ein Mann von einem Traum erzählte, in dem ihm sein Klavierlehrer vorwarf, die Etüden „von Moscheles sowie den Gradus an Parnassum von Clementi" nicht geübt zu haben, fiel Freud ein: Gradus ist ja auch eine Stiege. Und damit wurde aus diesem unerotischen Traum für ihn ein sexueller Traum ***).

Wir sehen, Träume gehen mit der Zeit. Und Freud ist Repräsentant einer vergangenen Zeit.

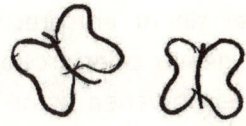

***) aus dem Buch „Die geheime Sprache der Träume" von David Fontana.

Teil 2:
... und andere
Botschaften der Seele

Hier möchte ich Grenzfälle beschreiben und welche weiteren Botschaften wir von unserer Seele erhalten können. Das ist ja nicht nur im Traum möglich.

Wo liegt der Unterschied zwischen *Wachtraum*, *Vision* und *Rückführung*? Diese drei halte ich nämlich auch für Führungen durch unsere Seele bzw. über unsere Seelenantennen.

Anders sehe ich es bei gechannelten Botschaften, die Durchsagen von Seelen aus der Astralwelt sind. Und das sogenannte *Innere Wort*, das „höher" anzusetzen ist, sehe ich als eine Durchsage aus dem entwickelten eigenen Christus- oder Gottesbewusstsein im Seelengrund an. Auch in diesen beiden Fällen ist die Seele des Empfängers beteiligt, aber sie ist entsprechend ihrem Bewusstsein nur ein kleines oder großes Fenster, durch das der Wind hereinwehen kann. Da geht es um den Wind, weniger um das Fenster, das geöffnet wird. Das Fenster, also die Seele, muss halt öffenbar sein.

Sonst kann der „himmlische" Wind nicht wehen. Und die Seele muss einverstanden sein mit dieser ihrer Beteiligung.

Auch bei einer sogenannten *Rückführung* ist dies so. Ohne das Einverständnis der Seele geht da nichts. Ich schließe hier eine in Hypnose geführte Rückführung aus. Denn es geht auch ohne Hypnose, wie das Beispiel auf Seite 208 zeigt.

Es ist ja ein wichtiger Einschnitt in unser menschliches Leben, wenn wir aus dem diesseitigen in ein jenseitiges oder in ein zurückliegendes Leben geführt werden. Das ist nichts für Neugierige und nur dort zu verantworten, wo es heilend sein könnte und einen Sinn macht für die Entwicklung. Wo es keinen Sinn macht oder sogar eine Gefahr darstellen könnte, wird die Seele sich sicherlich mit Impulsen der Warnung über das Gewissen bemerkbar machen.

Im Vergleich: eine *Vision* ist eine bildliche Darstellung. Das *Innere Wort* ist jedoch, wie der

> Wer schickt der Seele die Vision? Wer schickt eine Wortbotschaft? Wer ist der Absender? Die Seele ist nur das Fenster, das den Wind durchlässt. Doch wer ist der Wind, das „himmlische Kind"?

Name sagt, eine Wortfolge. Das Innere Wort kann aber mit einer Vision verknüpft sein und umgekehrt – Beispiel: die Johannes-Offenbarung.

Durch ein Medium kann nur das wiedergegeben werden, was ihm und seinem derzeitigen Seelenbewusstsein entspricht. Und da gibt es himmelweite Unterschiede! Das kann so klingen, als komme jeder aus einem anderen „Himmel".

Warum beschreibe ich Ihnen das, wenn ich doch der Meinung bin, dass sich „übergewichtige" Menschen nicht auf dünnes Eis begeben sollten?

Wer noch sehr „übergewichtig" ist, wen also seine Schattenwelt noch drückt, und er sie auch in Träumen sieht, der muss erst „abspecken". Er sollte sich nicht in Gefahr begeben!

Wer aber in der kommenden Zeit „Gesichte" hat oder Träume oder Visionen, der sollte Bescheid wissen, dass dies die Gaben der neuen Zeit sind.

Der Unterschied zwischen Wachtraum und Vision ist wieder einmal die Bewusstseinsstufe. Für eine *Vision* muss die geistige Welt den Probanden bzw. Empfänger anheben (können) auf die Stufe, auf der er eine Vision empfangen kann. Der Proband ist zuvor von seiner Seele darauf vorbereitet worden, sich aus seinem Alltagsbewusstein herauszuheben in eine höhere Schwingung, sich wenigstens bis zu seinem Seelenbewusstsein aufzuschwingen. Wenn ihm das gelingt, kann er für eine kleine Weile hoch genug angehoben werden, und zwar so lange bzw. so kurz wie die Vision dauert. Es ist ja nur ein kleiner Moment heraus aus der Welt der Zeit hinein in die zeitlose Ewigkeit. Die angehobene Seele erhält einen winzigen Einblick in die geistige Welt jenseits von Raum und Zeit und nimmt diesen Ausschnitt als Vision mit.

Der berühmteste Visionär war wohl der Apostel Johannes. Seiner Seele wurde durch Christus das Zeitfenster geöffnet, so dass er die Zukunft in apokalyptischen Bildern sehen konnte. Und erst heute ist eine Deutung möglich, weil nun die Zeit dafür gekommen ist und der Geber aller Gaben mit Worten, die der heutige Mensch versteht, die archetypischen apokalyptischen Bilder von damals entschlüsseln kann. Durch das Innere Wort.
Das aufklärende Buch „Das 6. Siegel ist geöffnet" erscheint im 4. Quartal 2009 im Leser Verlag Wertheim (Näheres im Anhang dieses Buches).
Wahrscheinlich waren zur Zeit des Johannes die

archetypischen Bilder der Patmos-Offenbarung Gemeingut der damaligen Menschen und Seelen. Viele nachträgliche Deutungen jedoch nahmen diese symbolischen Bilder wortwörtlich. Das Verständnis für die Deutung des tieferen Sinnes war verloren gegangen. Wir erleben heute wohl wieder eine Annäherung in Psychologie, Astrologie und Traumdeutung. Doch reicht das nicht aus, um die gewaltigen Seelenbilder des Johannes aufzuschlüsseln. Es ist wieder die Hilfe der göttlichen Welt notwendig.

Ich gehe davon aus, dass die Deutung zur Zeit des Johannes in der bild- und gleichnishaften hebräischen Sprache einfacher war als heute, wo wir erst wieder lernen müssen, unser Verstandesdenken durch bildhaftes Erfühlen auszugleichen. Johannes und seine damalige Zeit hatten damit sicher weniger Probleme.

Ähnlich ist es mit den Visionen des Nostradamus, der sich auch einer bildhaften Sprache bediente und seine Prophezeiungen aus Angst vor der Inquisition in Ratereimen versteckte. Bei ihm ist nicht klar, ob seine Visionen seinen Beschreibungen entsprachen oder ob er ihren Inhalt im Rahmen seines Ratespiels in Bildern ausdrückte.

Jeder Deuter, der seine Reime wortwörtlich nahm, ist bisher gescheitert.

Auch die Chinesen und Araber haben eine bild- und blumenreiche Sprache. Ebenso die Indianer. Die Visionen ihrer Schamanen sind aus ihrer Kultur zu verstehen. Dass die weißen Landbesetzer deren Kultur nicht verstehen konnten, ist bekannt und zu einer sehr tragischen Geschichte geworden, die uns zeigt, dass die Konfrontation von unterschiedlichen Bewusstseinsebenen und Seelenentwicklungen dramatische Folgen haben kann.

Doch scheint es auf dieser Erde zur Menschheitsentwicklung zu gehören, dass wir aus unterschiedlichen Bewusstseinsebenen zusammen gewürfelt werden, um voneinander zu lernen.

Wenn wir schon zur Demut in der Lage sind, wenn wir gelernt haben, dass keiner den Anderen abwertet, kein Volk das andere unterdrückt, dann wird es bald keine Kriege mehr geben. Dann kehrt auch in unser Seelenbewusstsein der Friede ein. Wahrscheinlich brauchen wir dann einen weiteren Erdengang nicht mehr.

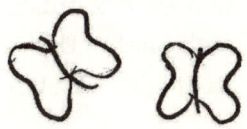

Beispiel Rückführung

Mich beherrschte viele Jahre lang die Angst, im Notfall nicht fähig zu sein, Hilfe zu leisten. Das hat eine Freundin von mir zum Anlass genommen, mit mir eine Rückführung vorzunehmen. Ich vertraute ihr, denn sie ist eine alte, reife Seele und wie ich auf Christus ausgerichtet. Wir begannen mit einem gemeinsamen Gebet und stellten uns in den Schutz des Christuslichtes.

Nach einer spürbaren Schwingungsanhebung zeichnete sich klar in mir das Bild eines Schlachtfeldes ab, über das ich als junges Mädchen ging. Ich trug dabei einen langen, blutdurchtränkten Rock. Die Kulisse zeigte vermutlich eine Szene aus dem 30jährigen Krieg mit sterbenden Soldaten in blau-weißen französischen Uniformen. Ich weinte: „Ich bin doch nur ein Mädchen" und litt, weil ich nicht helfen, sondern den Verletzten gerade mal etwas Wasser einflößen konnte, mehr nicht. Und immer wieder meine Verzweiflung: „Ich bin doch nur ein Mädchen."

Und dann passierte folgendes bei der Rückführung:

Das Bild teilte sich, als wenn auf der rechten Hälfte ein Schleier zurückgezogen werden würde, und ich durfte kurz die geistigen Lichtgestalten sehen, die gekommen waren, um zu helfen und den Sterbenden beizustehen, so dass sich ihre Seelen vom Körper lösen und liebevoll hinter dem Schleier in Empfang genommen werden konnten.

Es waren heilsame Tränen, die ich vor Ergriffenheit anschließend vergossen habe.

Heute kommt mir diese Rückführung wie eine *Astralreise* in die Vergangenheit vor. Es ist also möglich, Bilder jenseits von Raum und Zeit noch einmal zu durchleben. Dies wäre auch in einem Traum möglich gewesen.

Seit dieser Rückführung hat sich meine Angst, nicht helfen zu können, erheblich vermindert. Denn ich w e i ß nun, dass immer die rechte Hilfe, die geistige Hilfe, da sein wird, auch wenn wir sie nicht sehen. Und dass wir nie allein sind.

Eine Rückführung über Hypnose lehne ich ab. Es ist mir nicht Recht, mein Bewusstsein auszuschalten und jemandem zu überlassen, vor allem nicht, wenn ich dessen Bewusstseinsstand nicht kenne.

Und aus Neugierde sollte man nie eine Rückführung machen, in welcher Form auch immer. Denn Neugierde ist eine niedrige Schwingung. Wer weiß, wohin das dann führt. Ich hoffe, ein Neugieriger verspürt rechtzeitig die Weisheit seiner Seele, wenn diese ihn über das Gewissen warnt. Denn vieles kann auch über Träume geklärt werden ... wenn unser Seelenführer das will und wir gelernt haben, sie zu verstehen.

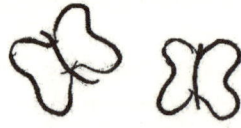

Beispiel Vision

Es ist nicht so, dass nur berühmte Personen Visionen haben. Es ist aber so, dass manche durch ihre Visionen berühmt wurden. Auch Hinz und Kunz haben göttliche Visionen, können sich göttlichen Absendern öffnen, w e n n ihre geistige Entwicklung dies zulässt.

Welch ein Glück, dass Visionen nicht herbeigewünscht werden können. Sie sind eines Tages einfach da. Da der Mensch Empfänger ist, kann er den Absender nicht manipulieren. Er empfängt, oder er empfängt nicht. Er bzw. seine Seele wird ausgesucht, Empfänger zu sein. Und dann sieht er mit seinen geistigen Augen, nicht mit seinen menschlichen!

Ein **Beispiel** –
Elisabeth erinnert sich:

„Als ich endlich meinen Josef traf bzw. wiederfand, den verloren ge-glaubten Geliebten aus mehreren Inkar-

> Visionen werden mit den Seelenaugen gesehen. Sie sind Botschaften aus der göttlichen zeitlosen Welt und zeigen das, was war oder in einer nahen oder weiten zeitlichen Ferne möglich ist.

nationen, fühlte ich mich am Ziel meiner Träume. Und natürlich spielten auch die Hormone verrückt, wie das eben so ist. Mein Herz quoll über, und eines morgens betete ich voller Dankbarkeit.

Und dann begann es ähnlich wie in einer Meditation. Ich war in einer Welt der Stille, die mich samtig umgab und die meine Gefühle anhob, meine Schwingung anhob in eine nie gekannte Seligkeit. Anfangs sah ich nur geometrische Formen. Dann hatte ich das urplötzliche Gefühl, auf Golgatha zu sein - ohne dass ich darüber Einzelheiten

211

beschreiben könnte. Es war mir Gewissheit, und ich zweifelte nicht.

Ich sah mich als ein junges Mädchen mit einem Krug. Dieser zerbrach, und ich sammelte weinend die in geometrische Formen zerfallenen Scherben ein. Ich fühlte neben mir eine Gestalt, die ich nicht sehen konnte, die ich aber in ihrer intensiven Liebesausstrahlung spürte. Für mein Gefühl war es Christus oder besser gesagt, der Mensch Jesus, der für mich erst noch zum auferstandenen Christus werden sollte. Ich fühlte, dass ich Jesus liebte, und diese Liebe erhöhte mich. Ich wurde schwingungsmäßig so angehoben, wie nie wieder in meinem Leben. Es war wunderbar, Worte können dies nicht beschreiben. Ich war weiterhin in der immer höher steigenden Anhebung. Doch dann wie ein Anhalten, als ich auf einmal fragte: ‚Wo ist Josef?' Die Antwort lautete: ‚Lass doch den Gärtner!'

Ich spürte, ich konnte ihn nicht lassen, meinen Josef. Das war noch zu früh. Und ich konnte dieser Ausdehnung und Anhebung nicht weiter folgen. Ich konnte noch nicht dem Christus folgen. Und so schwebte ich langsam, sehr langsam und ganz sanft aus dieser beglückenden Höhe wieder hinunter in mein menschliches Bewusstsein."

Elisabeth erzählt weiter:

„Lange brauchte ich, bis ich wieder sprechen und wieder die Erdenschwingung annehmen konnte. Ich fand auf einmal um mich her alles so banal, so menschlich, so kläglich menschlich. Denn ich hatte ein Gefühl der Einheit und Liebe gespürt, wie es das auf dieser Welt nicht gibt. Mir blieb nur die Sehnsucht. Verstehen konnte ich das alles nicht. Da mich diese Bilder in die Vergangenheit geführt hatten, sah ich sie damals als Seelenbilder an.

Bis ich mir 12 Jahre später den Film ‚Das 7. Zeichen' anschaute, in dem eine Szene mit einem zerbrochenen Krug auf Golgatha vorkommt. Das war ja ein Teil meiner Geschichte! Ich erinnerte mich auf einmal wieder an meine Bilder, an das wunderbare Gefühl der Anhebung. Ich fühlte mich bei den Worten ‚Willst du für ihn sterben?', die in dem Film an das Mädchen mit dem zerbrochenen Krug gerichtet werden, auch angesprochen.

Und die Tränen flossen wieder. Nein, ich war nicht bereit, für Jesus zu sterben. Ich wollte leben, leben mit Josef. Es war mir schon damals bewusst, dass es in meinem Josef eine lichte Seele, einen geistigen Kern gibt, den ich dem Menschen vorziehen würde ... eines Tages. Aber zu diesem Zeitpunkt noch nicht. Noch tendierte ich zum ‚Gärtner'.

Und nun, acht Jahre später, habe ich den Film zum zweiten Mal gesehen und spüre erst jetzt, dass seine Aussage für mich die Aufforderung ist, die Scherben des Kruges der Hoffnung wieder zusammenzufügen. Auf Golgatha war durch die Kreuzigung des Jesus die Hoffnung zerbrochen für alle, die das geistige Geschehen dahinter nicht verstanden hatten. Ich gehörte dazu.

Doch nun, da ich verstehe, dass der Mensch Jesus das Menschliche und die Angst überwunden hatte, dass er ohne Groll auf seine Peiniger sterben konnte, kann ich auch die Auferstehung des Jesus Christus anders sehen. Ich sehe den als ‚Gärtner' bezeichneten Erdenanteil des Jesus wie auch den meines Josef als menschlichen Anteil, den es gilt loszulassen, damit der göttliche Teil, der Christus, seine Wirkung und seinen Erlösungsauftrag entfalten kann – auch in mir, auch in Josef.

Heute, wo ich begonnen habe, meinen Menschen nicht mehr so wichtig zu nehmen, auch den

Menschen meines Partners nicht mehr so wichtig zu nehmen und unsere menschlichen Bindungen begonnen haben, sich zu lösen, erst heute kann ich den zerbrochenen Krug wieder instand setzen, den Krug der Hoffnung. Und es vollendet sich, aus vielen Mosaiksteinchen zusammengesetzt, mein Lebensmuster. Nun wachsen in mir Hoffnung und Glaube, weil ich Zusammenhänge verstehen gelernt habe und rückblickend die damaligen Seelenbilder als Vision erkenne.

Denn die Bilder enthielten eine Botschaft für die Zukunft, die ich erst heute nach über 20 Jahren als Aufgabe verstehen, annehmen und umsetzen kann. Nun ist nicht mehr die Frage in mir, ob ich für den Jesus sterben will – wozu? -, sondern ob ich bereit bin, wie Jesus meine Menschlichkeiten sterben zu lassen, meine Ängste, meinen Groll, und ob ich dem Licht und der Sehnsucht meiner Seele folgen will.

Wir sind uns einig, Josef und ich, dass darin unsere Lebensaufgabe besteht, in der Nachfolge Christi. Mit dem Krug der Hoffnung in der Hand."

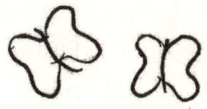

Teil 3
Träumereien

(Geschichten und Märchen)

Sturmwarnung und Traumdeutung

> Aus dem Buch
> **Vorbereitung auf den Ernstfall, wenn auf**
> **„ 7" fette Jahre „7" magere Jahre folgen**
> LESER VERLAG WERTHEIM

Sturmwarnung!

Sturmwarnung für Norddeutschland vom 30. auf den 31. Dezember 2006. Das hört man, das vergisst man, denn Norddeutschland ist weit weg. Doch nun wohnen wir in der Eifel in einem Ferienhaus, das fast an der höchsten Stelle steht in dem kleinen Dorf Langscheid, das keine Durchgangsstraße hat. Nur 110 Einwohner und rundherum pur Natur! So haben wir uns den Urlaub gewünscht: Ruhe und Abgeschiedenheit!

Und wenn in Norddeutschland die Wellen höher schlagen, dann berührt uns das kaum. Denn die Eifel liegt ja nicht in Norddeutschland.

Doch dann nimmt der Wind zu.

Schon auf dem Nachmittagsspaziergang duckt sich unser Hund unter dem Wind und will schnell zurück ins Warme. Spaziergänger, die gegen den einsetzenden Nieselregen den Schirm aufgespannt haben, schließen ihn nach einigen Versuchen, denn der Wind zerrt an ihm und schlägt ihn um. Die schon von vielen Stürmen gebeugten Kiefern, die die Wacholderheide überragen, werden erneut zerzaust und geschüttelt. In der Nacht tobt sich der Wind aus. Er faucht, er jault, manchmal pfeift er in hohen Tönen. Und er schüttelt alles, was sich schütteln lässt. Auch die Fensterläden, die Dachziegeln. Es rappelt und rauscht.

Der Lärm ist so groß, dass ich nicht einschlafen kann. Ich ziehe die Rollläden wieder hoch, und da wird es erträglicher. Trotzdem scheint das Haus zu beben. Schließlich sind wir in der Vulkaneifel. Was sich da unten in der Erde vor tausenden von Jahren bewegte, rumort noch immer, nur zur Zeit nicht mehr so nah an der Oberfläche.

Irgendwann schlafe ich ein. Und dann träume ich.

Es ist einer dieser klaren Träume, die so intensiv

sind, dass sie im Wachbewusstsein noch fühlbar sind und weiter wirken.

Der Anfang ist mir nicht mehr gut in Erinnerung. Da geht es um ein Seminar, das ich veranstalte und zu dem viel mehr Menschen kommen, als ich es mir vorgestellt hatte. Mit diesen mache ich einen Spaziergang zu dem Hotel, von dem mir wohl ein Angebot vorlag, in dem ich aber weder Essen noch Unterkunft bestellt hatte.

Auch den Fußweg dorthin kenne ich nicht genau und muss unterwegs fragen. Zum Glück werden wir auch ohne Vorbestellung bewirtet. Die Leute nehmen in einem großen Raum an weit auseinander stehenden Tischen Platz. Zusätzlich zu dem Sack Walnüsse, den das Hotel uns anbietet, bestelle ich für jeden Pizza und runde kleine Törtchen, die als Gebäck des Tages auf der Speisekarte stehen. Ich begrüße die Leute und muss schreien, weil der Raum so groß ist. Ich kündige ihnen die Zucchini-Pizzas an und die süßen Törtchen.

Dann wird mir heiß und kalt, denn ich spüre, dass ich auch inhaltlich nicht vorbereitet bin. Was in meinem Manuskript steht, weiß ich nicht auswendig. Ich kann mich doch nicht mitten in den Raum setzen und lediglich vorlesen!

Und so werde ich wach: in Panik! Aber ich bleibe im Dämmerzustand, halb noch im Traum, und überlege angestrengt, was zu tun ist. Und obwohl ich inzwischen außerhalb dieses Traumes bin, taste und fühle ich mich zurück in das Traumbild der wartenden Seminarteilnehmer und bitte sie, ihre Tische alle einen Meter näher zu mir her zu schieben. Und dann noch einen Meter, damit wir uns näher sind. In Gedanken sage ich: „Durch dieses Zusammenrücken sind wir uns näher gekommen, und es ist gemütlicher geworden. Das ist ein gutes Beispiel für die Zukunft." Und gedanklich teile ich schon mal den Sack Walnüsse auf.

Aber wie soll es nun weitergehen?

Mir wird klar, dass das, was ich an Wenigem auf Papier zur Verfügung habe, nicht ausreichend ist für ein Seminar.

Und damit bin ich ganz wach, trage des Gefühl, vor einer Katastrophe zu stehen, nun endgültig ins Wachbewusstsein herüber. Wer kann mir helfen? Was kann mir helfen? Die Gedanken purzeln durcheinander. Ich fühle mich hilflos.

Doch dann mache ich mir energisch bewusst, dass ich nur geträumt habe und reiße die Bettdecke mit einem Schwung hoch. Ab unter die Dusche! Welch ein Glück, es war nur ein Traum, ein Traum, der mir sagen will, dass ich mich besser vorbereiten soll, der aber auch fürs Erste das tröstliche Gefühl hinterlässt, dass das Seminarhaus Erde für mich sorgt, sogar auch dann, wenn ich sein Angebot erst einmal nicht beachte.

Nun erst höre ich wieder den klagenden Wind, der ums Haus singt, die Tonskala hinauf und herunter. Ein Sturm ist es in der Eifel nicht geworden, alles hat dem Wind getrotzt. Aber in Westfalen war es noch stürmischer. Im Fernsehen hören wir abends, dass das Sturmtief einen Namen hat: Karla.

Und wir sehen die schon bekannten Bilder – vielleicht werden die alten Nachrichtenfilme einfach wiederholt – von Feuerwehrleuten, die Keller auspumpen und umgefallene Bäume aus dem Weg räumen. Ja, das ist inzwischen ein bekanntes, wiederkehrendes Bild, und das heißt, es wird schon zur Gewohnheit, dass Bäume samt Wurzeln umfallen und die Fahrbahnen blockieren.

Doch stellen wir uns einmal vor, welch eine Kraft notwendig ist, um einen Baum zu fällen bzw. sogar zu entwurzeln! Entweder ist heute der Wind stärker oder die Bäume schwächer. Es wird wohl beides sein. Die Elemente bäumen sich auf und die Natur ergibt sich. Verursacher ist der rücksichtslose

Mensch, der sich die Erde nach seiner egoistischen und kurzsichtigen Vorstellung untertan gemacht hat, sprich: ausgebeutet und misshandelt hat und mit seinen Ausdünstungen und Giften traktiert.

Auch das gehört zu der Vorbereitung, die ich treffen könnte, dass mich ein allgemeines Karma, ein Zurückschlagen der Natur und der gequälten Tierwelt nicht trifft, wenn ich mich ausklinke, nicht mitmache, das Fleisch meiner kleinen und großen Tierbrüder nicht esse, für mich Tiere keine Nutztiere sind, die man in zu kleine Käfige sperrt – noch nicht mal, damit sie mir Leder für meine Schuhe geben. Für mich braucht kein Tier zu sterben, und ich raube ihm auch nicht seine Milch, nicht den Bienen den Honig und nehme keine Kosmetika, die in grausamen Tierversuchen erprobt wurden. Ich tue, was ich aus meinem Bewusstsein heraus tun kann, um mit der Natur und den Tieren in Einklang zu leben.

Auch das kann ich als Vorbereitung sehen auf die Zeit des Echos, wo zurückkommt, was Menschen gedankenlos oder bewusst als Schatten in die Zukunft gelegt haben.

Und so geht es darum, die Gegenwart zu nutzen, um eine einseitig und egoistisch gelebte Vergangenheit auszugleichen. Alles, was mich mit

Menschen, den Tieren und mit der Natur verbindet, sollte auf den Prüfstand kommen: Wo schade ich jemandem? Wo nutze ich jemanden oder etwas aus? Wo braucht es für mich einen Sturmwind, der mir das um die Ohren haut, was ich an Schaden verursacht habe? Wie sieht mein Bumerang aus, wenn er zurückkommt?

Und es hört nicht auf: am 13. Januar wütet Orkantief „Franz" über Europa, das neben entwurzelten Bäumen und umgestürzten Lastwagen sieben Menschen das Leben kostet. Der Fischmarkt in Hamburg steht unter Wasser und die Halligen melden „Landunter". Nun, das melden sie jedes Jahr. Und es kam in der Vergangenheit auch schon schlimmer. Doch die Häufigkeit der Naturkatastrophen fällt auf und auch ihre Heftigkeit.

Am 19. Januar kommt die Steigerung, reißt der Orkan „Kyrill" mit bis zu 200 Stundenkilometer eine Schneise der Verwüstung durch ganz Europa, bei Temperaturen von 12° (Norddeutschland) bis 20° C (Wien). Seine Bilanz: 43 Tote, Hunderte von Verletzten, wieder unzählige umgestürzte Bäume. Auch Strommasten und Häuserwände brechen zusammen, Dächer werden abgedeckt. Und es gibt „sturmfrei". Ein neues Wort wird geprägt. Bisher gab es nur hitze- und kältefrei.

An diesem Tag der Sturmwarnung reagierte Deutschland ungewohnt: Schulen, Kindergärten, Geschäfte, sogar Banken schließen mittags und schicken ihre Angestellten nach Hause, die Räder der Deutschen Bundesbahn stehen erstmals nach dem 2. Weltkrieg deutschlandweit wieder still. Damit reagieren die deutschen Verantwortlichen verantwortungsbewusst, denn es zeigt sich, dass der bärenstarke Wind in der Schweiz Züge aus den Gleisen drückt. Reisende sitzen über 12 Stunden im ICE fest. Im Kölner Hauptbahnhof werden gestrandete Reisende im Keller auf Feldbetten untergebracht. In Hannover wird der Bahnhofsbunker wieder für Übernachtungen geöffnet. Auch auf den Flughäfen geht nichts mehr. Die Deutsche Lufthansa streicht über 300 Flüge.

In Nordrhein-Westfalen sind 20.000 Feuerwehrkräfte in beispiellosem Einsatz. Dazu kommen die Helfer vom THW. Und die Stromkonzerne schicken ebenfalls in der Nacht noch ihre Mannen zum Einsatz, denn Hunderttausende sind auf einmal ohne elektrische Versorgung, manche zwei Tage lang. Wieder umgeknickte Strommasten und entwurzelte Bäume!

Erst heißt es, hunderte von Bäumen seien entwurzelt worden. Tage später: 25 Millionen Bäume waren es. Und eine spätere Korrektur sagt: es waren sogar 40 Millionen!

Nur zwei Tage später folgt das Atlantiktief „Lancelot". Nun kommt der Wind nicht mehr aus Westen, sondern aus Norden, und es wird kälter. So nennen wir also die Steigerungen bei uns: Tief, Sturm, Orkan. In Amerika gibt es noch Hurrikane bzw. Tornados. Die Zeitungen überbieten sich nun in ihren Kommentaren zum rasanten Klimawandel. Der deutschlandweite Orkan „Kyrill" hat die Schläfer aufgeweckt.

Und nun denke ich wieder über meinen Traum nach, über die fehlende Vorbereitung. Ich habe wohl Notizen, ich habe wohl Informationen, aber das sind äußere Hilfsmittel, die anscheinend nicht ausreichen. Mir fehlt es nicht nur an der äußeren Vorbereitung, sondern auch an der inneren. Und da alles von innen nach außen wächst, vor den Worten die Gedanken sind, vor geäußerten Wünschen die Ideen, vor einem Schicksalsschlag sich das Gewissen meldet, gehe ich zurück in mein Inneres, klopfe an und warte darauf, dass mir aufgetan wird.

Meine Frage lautet: was kann ich tun, um vorbereitet zu sein? Das Wort „Vertrauen" hüpft in mir herum, wackelt und hebt sich in unbekannte

 Weiten. Es wird zu einem Tor, hinter dem der Friede der Geborgenheit wartet. Ich stehe ganz klein vor diesem Tor, wie das Sterntalerkind im weißen Hemdchen und mit nackten Füßen. Und vom Himmel kommt das, was mir zusteht. Es sind Sterne, keine Taler! Es sind meine Sterne!

Es kommt zu mir, was zu mir gehört. Und deshalb kracht es auch und blitzt. Es ist ein stürmischer Wind, aber kein Sturm, der mir das Haar zerzaust. Und der Blitz ist nur ein Gedankenblitz, der mich erhellt und mir mitteilt, dass ich noch Zeit habe, um meine Lebensbilanz auszugleichen, damit ich in Zeiten von Sturm und Gewitter ein Plätzchen zum Unterstellen finde, ein festes Haus als Schutz gegen die aufgebrachten Elemente.

Ich kann sie noch bauen, die feste Burg, hinter deren dicken Mauern ich geschützt bin. Denn noch ist Übergangszeit! Ich kann mich darauf vorbereiten, andere auf diese feste Burg hinzuweisen, die jeder sich bauen kann als Vorbereitung auf die Stürme, die noch kommen werden. Diese feste Burg heißt natürlich Gott. Sie kann auch Christus heißen. Sie kann auch nach einem Engel benannt werden. Welchen Namen wir wählen für die göttliche Liebe und Einheit, ist nur für uns wichtig. Wir müssen die Hüter unserer Seele suchen, das stille Land unserer Herkunft, die Liebe unserer geistigen Heimat.

Denn unsere irdische Heimat ist bedroht und weltweit ist uns niemand gegeben, die zukünftigen globalen Ereignisse zu verhindern, höchstens noch für uns selbst zu korrigieren. Wir müssen die Suppe auslöffeln, die wir uns eingebrockt haben. Nur die eigene! Und unsere Erde erinnert uns daran, dass wir hier lediglich Gäste sind.

Und nun, wo das Schiff in Seenot geraten ist, rufen wir SOS. Und andere Boote, Rettungsboote, sollen uns helfen. Die sollen hinaus in die sich auftürmende See, in das gleiche Unwetter, das auch uns niederdrückt. Und das spüre ich nun tief in mir, dass hier die Weggabelung ist: Helfer oder Hilfsbedürftiger!

Denn das widerstrebt mir, dass sich andere für mich bei Windstärke 12 und mehr auf dem stürmischen Meer in Gefahr begeben. Und es drängt mich genauso wenig, für andere im Äußeren mein Leben zu riskieren. Jeder kann sich vorbereitet, damit er nicht hilfsbedürftig wird.

Und vor allem: wir können uns auch innerlich helfen lassen. Denn die verlässlichste Hilfe kann nur ein anderer Steuermann sein, dem wir das Ruder übergeben, wenn wir es selbst nicht mehr halten können.

Die Erde ist unsere Schule. Wir hätten uns wie Schüler verhalten sollen, die einen weisen Schulleiter haben und nur auf ihn, nicht auf unsere Mitschüler hören sollen. Im übertragenen Sinn heißt das für mich, dass ich ohne Beistand eines inneren Seminarleiters nicht weit komme, auch wenn ich besser vorbereitet sein sollte.

Mit dieser Erkenntnis schließe ich mein Traumtagebuch. Es tut gut, sich vorzubereiten, doch jeder Alleingang ist eine Last.

Ich kann mich darauf verlassen, dass mein Schiff einen Lotsen bekommt, der mich sicher führt, wenn ich es nicht mehr kann. Ich muss es nur wollen und ihm mein Steuer übergeben!

Mit diesem Vorsatz geht es mir wieder gut, fühle ich Geborgenheit und wachsende Ruhe.

Die Zukunft wird uns zeigen, auf wen wir uns verlassen können: auf Geld, auf weltliche Macht und alles, was uns an Materiellem und Wissenschaftlichem vom Spirituellen getrennt hat, oder auf die Lichter der wahren Heimat, auf den Leiter dieser gigantischen Erdenschule, der uns unsere Heimatlosigkeit vor Augen führen will und die verlorenen Söhne und Töchter aufruft, aus der Fremde nach Hause zu kommen – auch wenn das Wetter umschlägt oder gerade deswegen. Denn die weltweiten Veränderungen sind wie weltweite Aufrufe, wieder den rechten Kurs zu nehmen oder auf Kurs zu bleiben, sozusagen Kurs zu halten auf hoher See Richtung Leuchtturm.

Was auch geschieht in dieser Umbruchszeit, eine tröstende Lampe wird wie ein persönlicher Leuchtturm immer zu sehen sein. Und wir selbst, wir können auch für andere zum Leuchtturm werden. Doch die Frage ist: wie lange noch dauert unsere Vorbereitungszeit, um unser Licht so zu entfachen, dass es weithin zu sehen ist?

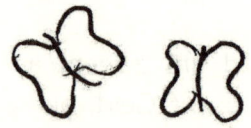

Es ist lange her
- eine Geschichte unserer Tage

Es ist lange her, dass ich jung war.
Es ist lange her, dass ich schön war.
Ich habe alles verloren, was mein Leben angenehm und leicht machte. Und nun bin ich alt und zittrig, eine Last für meine Umgebung. Denn zu allem Übel fange ich auch noch an, zu vergessen und zu verlieren.
Was soll diese alte Frau voller Falten und voller Vergesslichkeit hier noch auf dieser Erde? Demenz – höre ich meine Kinder mit bedeutsamen Blick sagen! Und das Wissen um diesen Verfall lässt mir den Atem stocken. Warum, warum nur lässt Gott zu, dass ich so verfalle? Ich war einst jung und schön, und es war eine Freude, mich anzusehen. So stelle ich mir ein Kind Gottes vor. Aber alt, zittrig, vergesslich – nein! Das kann nicht die Krönung Gottes sein! Der Zorn lässt mich erbeben. Ich protestiere! Ich will nicht, ich will nicht diesen

entsetzlichen Weg gehen: Verfall! Wozu? Warum kann ich nicht in den Jahren, wo es bergab geht, den Lebensweg verlassen? Warum soll ich auf das bittere Ende warten?

Der Zorn überflutet mich wie eine giftige Schlange. Ich bin so hilflos – ich will nicht hilflos sein. Ich will mich wehren gegen dieses grausame Schicksal! Aber was kann ich tun?

Selbstmord! Das scheint mir der einzige Ausweg. Ich überlege mir die einzelnen Möglichkeiten, kühl und berechnend. An diesem Leben liegt mir nichts mehr. Warum soll ich nicht gehen?

Und dann träume ich von den Seelen der Selbstmörder, die verzweifelt jammern, dass sie diesen unwiderruflichen Schritt getan haben und eigenmächtig ihr Erdenleben beendet haben, das noch nicht abgelaufen war nach Gottes weisem Plan.

Ich erwache schweißgebadet. Die Not, die Reue dieser Unglückseligen bleibt in mir als abschreckendes Gefühl. Habe ich die Pflicht auszuharren? Gottes weiser Plan – sieht er Demenz vor? Vielleicht, um demütig zu werden?

Ja, ich bin hochmütig. Hochmütig und stolz. Denn ich war jung und schön. Und das hat mich hochmütig gemacht. Weil andere wohl auch jung waren, aber nicht schön. Aber ich überstrahlte sie alle, und die Jungs aus unserer Klasse, die jungen Männer aus unserer Stadt – die liefen mir nach, sie zeigten mit Blicken und sagten mit Worten, dass sie meine Schönheit bewunderten. Das machte mich hochmütig, vor allem gegenüber den unscheinbaren Gänseblümchen, neben denen ich als stolze Rose noch schöner und üppiger zur Geltung kam.

Ich habe einen Mann geheiratet, dem meine Schönheit zur Zierde gereichte. So sagte er es oft. Dieser schöne, altmodische Satz machte mich stolz und eingebildet. Er reichte mir als Lebensinhalt. An Liebe habe ich nie gedacht. An sein Geld jedoch dachte ich täglich – und gab es großzügig aus. Verschwenderin, sagte er zärtlich. Und die Tochter, die ich gebar, war auch so schön wie ihre Mutter, ebenso eine Verschwenderin, ebenso stolz und hochmütig. Ihre Art gefiel mir nicht – kein Wunder, sie war mein Spiegel. Und dieser Spiegel machte mich nachdenklich. Sie war schön und hohl, meine Tochter Silvia. War ich das auch?

Ja, ich war es auch. Aber ich wollte es nicht wahrhaben. Ich warf mich in die Vergnügungen und Verliebtheiten regelrecht hinein, genießend Bewunderung und Anbetung.

Irgendwann hatte mein Mann die schöne Hülle

satt. Er verliebte sich in ein unscheinbares Mauerblümchen, das ihn anbetete und bewunderte. Nun genoss er selbst das, was er mir so lange gegeben hatte. Die Scheidung kam ihn teuer zu stehen, aber sie brachte mir doch nur so viel, dass ich einigermaßen gut leben konnte, aber nicht mehr so verschwenderisch wie bisher. Die Fülle war vorbei. Aber ich war noch jung und schön. Und statt abwärts sollte es aufwärts gehen. Also wieder ein neuer Mann mit Geld! Wieder keine Liebe!

Ich schenkte ihm einen Sohn, der war das Ebenbild seines Vaters. Und er wurde auch so wie er: geschäftstüchtig, berechnend, ausnehmend, geizig. Ich mochte ihn nicht, und ich mochte nach einer kurzen Zeit auch seinen Vater nicht mehr. Ich begann, mich nach Liebe zu sehnen!

Als ich sie fand, war das Umfeld wenig einladend: ein Künstler, brotlos und arm. Aber voller Ideen, voller Ideale, voller Charme! Ich liebte ihn leidenschaftlich. Aber ich heiratete ihn nicht. Irgendwo war in mir noch der Selbsterhaltungstrieb, der mir sagte, dass ich nicht glücklich werden konnte, wenn ich bei Aldi oder Lidl einkaufen musste. Leider! Ich hätte es versuchen sollen, mich ganz hineinzugeben in diese Partnerschaft. Sie war kurz. Sie war wunderbar. Vielleicht, wenn sie lange gedauert hätte, wäre ihr Schmelz nach und nach verloren gegangen. So trennten wir uns nach wenigen Jahren, weil er es nicht aushielt, sich von einer schönen, reichen Frau aushalten zu lassen.

Ich ging zurück in mein Milieu der Reichen und Schönen. Ich wollte ihn vergessen, der mich gekränkt und beleidigt hatte, und ich vergaß ihn – manchmal. Denn alles, was ich fand, war nur ein Echo auf meine schöne Fassade. Das Herz blieb unberührt. Und es verhärtete sich.

Und nun bin ich alt geworden. Niemand ist mehr da, der mich bewundert. Meine Tochter und mein Sohn empfinden mich als eine schrullige Alte, die ihnen zur Last fällt und langsam zum Pflegefall zu werden scheint.

Ich will kein Pflegefall werden! Diese Erniedrigung kann ich nicht ertragen! Wenn sie es erst einmal schaffen, mich in ein Altenheim einzuweisen, bin ich verloren. Ich habe Renate dort besucht, meine Schwester. Sie wird behandelt, als sei sie ein Kindergartenkind. Und zu mir hat diese zahnlose gehässige Alte gesagt, dass es eine gerechte Strafe für mich und meinen Hochmut sei, auch dorthin zu kommen. Wirklich, das ist eine Strafe! Gisela, meine Freundin, ist auch in einem Heim, aber ihr geht es dort gut. Man behandelt sie höflich. Ich beschließe, in das Heim von Gisela zu gehen – wenn ich denn gehen muss. Denn ich suche noch immer nach Auswegen.

Doch dann kam der Tag, wo ich mich in der Stadt verlief. Die Straßen sahen fremd und irgendwie alle gleich aus. Da war kein markanter Punkt mehr, an den ich mich erinnerte. Neubauten, Neubauten – ein Haus wie das andere. Wo war der Bahnhof? Wo war der Park? Ich fand mich nicht mehr zurecht, und es wurde dunkel. Verzweifelt irrte ich umher, bis mich meine Füße nicht mehr trugen. Schluchzend und verwirrt hockte ich mich in einen Hauseingang. So fanden mich die jungen Leute, die dort wohnten. Sie riefen die Polizei an. Und die meine Kinder.

Es war schrecklich! Ich fühlte mich nicht nur alt und hässlich, dumm und vergesslich, nun kam auch noch Verwirrtheit hinzu. Dabei geschah das doch nur, weil ich in einem Neubaugebiet gelandet war, das ich nicht kannte. Ach, du neue Welt, du bist für mich zu groß und unübersichtlich! Meine Welt war damals bereits klein geworden, übersichtlich. Und ich wohnte längst nicht mehr in einem großen Haus mit Garten. Es war nur noch eine kleine Souterrainwohnung, und manchmal sah ich die Sonne nicht.

Nun haben sie endlich einen Grund, mich einzuweisen. Sie freuen sich. Und ich, mich aufgebend,
flehe nur noch: „Aber zu Gisela!" Doch bei Gisela
ist kein Platz frei. Überall sind Wartezeiten zu
erfüllen. Aber meine Kinder wollen nicht warten.
Sie wollen mich loswerden. So schnell wie möglich. Auch in Renates Heim ist kein Platz frei. Das
hätte ich auch nicht ausgehalten in ihrer Nähe. So
wie Renate sagt, dass sie es in meiner Nähe nie
ausgehalten hat, als ich noch jung war und schön.

Renate war die Kluge. Das war ihre Rolle. Sie war
nie schön, auch als kleines Kind nicht. Aber vor-
laut, naseweis und tatsächlich sehr klug. Dafür hat
sie auch Tag und Nacht gelesen, alle Bücher dieser
Welt. Ich habe bestenfalls Modezeitschriften
durchgeblättert, gelesen habe ich nie. Das sagt mir
Renate auch stets ehrlich, aber brutal: „Du warst
einmal schön, und du warst dumm. Dumm bist du
geblieben. Nun ist deine Schönheit weg."
Ja, so ist es. Ich war einmal jung und schön. Ach,
wie lange ist das her. Ach, wie vergänglich ist diese
Welt. Der Baum zeigt es mir. Die Blume zeigt es
mir. Überall kann ich das Aufblühen, das Verwel-
ken und den Verfall beobachten.
Man findet ein Heim für mich. Mittelklasse. Denn

viel kosten soll ich auch nicht.

Nachdem ich allen an meinem Tisch im Speisesaal meine Lebensgeschichten erzählt habe, interessiert sich niemand mehr für mich. Viele blabbern irgend etwas vor sich hin. Keiner hört dem Anderen zu. Die Gegenwart ist unwichtig. Eine Zukunft haben wir nicht mehr. Nur noch unsere Vergangenheit, und über die reden wir, immer wieder, immer wieder. Meist jeder vor sich hin.

Aber vieles ist da, an das ich mich nicht mehr erinnere. Wie habe ich mich als Kind gefühlt, wenn die Sonne schien? Habe ich sie wahrgenommen? Habe ich mich an ihr erfreut? Habe ich die Blumen beobachtet, ihr Wachstum, die Vögel, die Wolken? Habe ich am Bächlein hinter unserem Haus gesessen? Eine große Sehnsucht wächst in mir, noch einmal dieses Bächlein zu sehen und zu hören. Ich flehe meinen Sohn an, mich dorthin zu fahren. Und zwischen zwei Terminen macht er es möglich.

Ich stehe fassungslos an diesem plätschernden Bach, erfüllt von seiner Schönheit, von seinem leisen Gemurmel.

„Er spricht zu mir", sage ich glücklich. Aber mein Sohn schaut, als sei ich geisteskrank.

„Doch, doch" beharre ich, „der Bach spricht zu

mir". Wieso hört er das nicht? Und wieso höre ich es erst heute?

Die nächste Zeit wird aufregend. Ich entdecke die Natur. Ich gehe täglich hinaus in den Garten des Altenheims. Ich liebe das Gezwitscher der Vögel. Ich sammle die Essensreste am Tisch für sie und füttere die zutrauliche Schar. Sie weiten mein Herz. Ich fühle mich glücklich. Früher habe ich nicht auf Vögel geachtet. Nun suche ich mir in der Bibliothek ein Buch, in dem die verschiedenen Arten und Eigentümlichkeiten beschrieben sind. Und ich lerne sie kennen, die Spatzen, die Rotkehlchen, die Rotschwänzchen, die Blaumeisen, die Stare, die Sperlinge, die Zeisige, die Grünlinge, die Amseln, die Elstern, die Krähen, die Schwalben, den schrillen Mauersegler, den rotbauchigen Gimpel. Auch die Tauben aus dem Schlag von nebenan. Und ich höre in der Ferne den Specht und den Kuckuck und manchmal gar die Nachtigall.
Jedem gebe ich einen Namen: Hans und Franz, die Spatzen; Rottraut, das Rotkehlchen; Rosi das Rotschwänzchen; Silvi, wie meine Tochter, die Blaumeise; Eckhard nenne ich den Star; Josef, die Amsel; Dicki und Micki die Elstern; und Renate die Krähe; Blitz und Flitz die Schwalben. Den großen

Mauersegler nennen ich Herrn Graf, so heißt der nette Hausmeister. Den schönen roten Gimpel nenne ich Tom wie Tomate. Die Friedenstauben heißen alle Frieda oder Friedolin. Der Kuckuck heißt Kurt. Und dem Specht gebe ich den Kosenamen meines Künstlers: Sonni. Ich weiß, dass ich die Artennamen einmal vergessen werde, aber Vornamen nie!

So rufe ich sie denn mit ihren Namen. Und sie kommen! Nur Sonni und Kurt grüßen aus der Ferne sowie Frau Nachtigall.

Eines Tages erzähle ich das alles der netten Schwester Elke. Sie hat eine melodische Stimme und ist stets verständnisvoll. Schön ist sie nicht, aber sie hat einen Liebreiz, den ich früher nicht gesehen hätte. Sie behandelt mich mit Respekt. Manchmal fragt sie mich, was Silvi macht oder Eckhard, der Star, den ich nach meinem letzten Liebhaber benannt habe. Das freut mich. Ich fühle mich angenommen mit meinem Lieblingen. Und ich gebe Frau Nachtigall den Namen Elke.

Und dann kommt mein 80. Geburtstag. Silvia, meine Tochter, achtet darauf, dass ich etwas Unbeklecketes anziehe und mich bis zum Empfang nicht neuerlich bekleckere. Deswegen darf ich nichts essen und nichts trinken, bis mich der Bürgermeister begrüßt hat. Woher kenne ich den nur? Sein Gesicht kommt mir sehr bekannt vor. Ach, es kann ja nur sein Vater gewesen sein. Wie hieß der noch mal? Er hatte einen Spitznamen, der komisch war. Mitten in der feierlichen Rede des Bürgermeisters fällt er mir ein und ich rufe triumphierend: „Schmatzer! So hieß doch ihr Vater, nicht wahr?"

Das ist die Freiheit des Alters. Mir macht es nichts aus, dass der Bürgermeister einen roten Kopf kriegt. Und meine Schwester Renate setzt noch einen drauf: „Ja, er war ein Schmatzer. Keine Manieren!" Und wir lachen uns vergnügt zu. Endlich sind wir mal einer Meinung, genießen es, keinen Wert mehr auf die Meinung der Anderen zu legen. Aber meine Kinder sind entsetzt. Natürlich, die sind noch abhängig von dieser scheinheiligen Gesellschaft um sie herum.

„Das sagt man nicht," ruft mein Sohn mir nach. Und ich drehe mich um und sage freundlich: „Sagen schon, aber man tut es nicht."

Als mich Silvia ins Heim zurückbringt, erzählt sie Schwester Elke, was Renate und ich uns mit Vergnügen geleistet haben. Ich bin mächtig stolz auf unseren Auftritt und kann gar nicht aufhören, darüber zu kichern. Ach, wäre das schön, sich so etwas öfter leisten zu können! Leider war die Freude sehr kurz. Mein Sohn wird nie wieder mit mir in die Öffentlichkeit gehen. Er ist geschockt und hat durchschaut, dass ich das auch noch genossen habe. Warum soll ich das bestreiten?

Und noch etwas freut mich: Silvia hat geschmunzelt. Das verjagt mein Misstrauen. Und so erzähle ich ihr von Silvi, der Blaumeise. Aber da schaut sie schon wieder irritiert, und ich weiß, ich habe zu viel gesagt.

Wieso soll sich meine Tochter, die noch schöne, aber verblühende Silvia, für Vögel interessieren? Sie kämpft gerade mit dem Abstieg in das Falten-Alter. Ich fühle mit ihr, ich kann ja ihre Lage verstehen. Und so lächle ich sie an und streichle ihren Arm. Wahrhaftig, für unser kühles Verhältnis ziemlich ungewöhnlich!

Doch, welch ein Wunder, sie lächelt zurück und sagt zu Schwester Elke: „Sie hat so herzlich gelacht über den Bürgermeister, dass ich mir vorstellen kann, wie sie als junges Mädchen gewesen ist."

„Auch wenn sie ihre Mutter mit den Vögeln sehen würden, könnten sie sehen, wie es gewesen ist, als sie noch jung war und schön", antwortet Schwester Elke, „sie hat dann ein Lächeln, das von innen kommt."

Welch nette Worte! Wie hieß es doch bei Maria im Neuen Testament? Dass sie alle diese Worte in ihrem Herzen bewahrte. So geht es mir.

Doch meine Tochter ist in Eile, ihr Mann wartet. Und so verabschiedet sie sich schnell. Ich winke ihr noch nach und sage zu Schwester Elke: „Noch ist sie schön, noch wird sie begehrt. Aber es bröckelt schon."

Und Schwester Elke antwortet entschieden: „Das macht nichts, das gehört zum Leben. Sie kommt auch noch in das Alter, wo sie die Vögel kennen- und schätzenlernen wird."

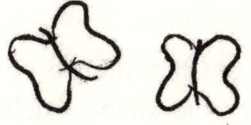

Vorschau auf das Buch
„Vorbereitung auf die Apokalypse -
Wie man in den Wald ruft, so schallt es zurück" :

Wiebke Wind, das himmlische Kind

Wiebke Wind, das himmlische Kind – so nannten die Reinsbütteler die kleine Wiebke, weil sie wie ihre Großmutter mit dem Wind sprach. Windbraut nannte sie der junge Pastor, als er sich mit ihr verlobte. Doch ihre Naturverbundenheit, von der er Zeuge wurde, war ihm fremd und Wiebke musste ihm versprechen, mit dem Unfug aufzuhören, den Wind oder sonst etwas „Heidnisches" anzusprechen. „Bete nur zu Gott oder Jesus Christus," sagte er. Und das tat Wiebke auch gerne und aus reinem Herzen.

Aber dann kam die Sturmnacht, wo der Wind die Dächer in Reinsbüttel, unweit der tobenden Nordsee, zum Teil oder ganz abdeckte. Er pfiff und heulte. Er brüllte. Er fegte durch die Kastanienbäume und versprühte einen nicht endenwollenden Regen. Und in den kleinen Reetkaten saßen die Menschen und beteten. Auch Wiebke und ihr Pastor. Doch als der Wind das Dach mit großen, krachenden Händen zu packen schien, rief Wiebke in größter Not den Spruch, den sie von der Großmutter gelernt hatte:

Wind, Wind, himmlisches Kind!
Blase die Finsterlinge fort mit Mut,
den alten Drachen, die Schlangenbrut !
Schütze mich Wind, ich bin ein himmlisches Kind.

Da hielt der Wind ein, jaulte noch einmal auf und raste zum nächsten Haus. Doch die kleine Reetdachkate mit ihren niedrigen Zimmerchen blieb verschont. Aber der Pastor löste die Verlobung mit Wiebke, weil sie nicht christlich genug sei, um mit ihm und seinem Amt zu leben. Er war der Ansicht, dass die Lehre des Jesus von Nazareth, so wie er sie verstand, durch den Glauben an die Beseeltheit der Elemente verunreinigt würde. Er war vom alten Schrot und Korn, unbeugsam und buchstabengetreu, ein Dithmarscher Pastor. Aber er war ein guter Hirte. Und so ging Wiebke, das gute Kind, weiter zu ihm in die Kirche, um zu beten. Und er nannte sie schmerzlich weiterhin eine Windbraut. Aber er heiratete eine Andere.

Wiebke blieb unverheiratet. In ihrem Elternhaus mit den sechs Brüdern wurde sie nach dem Tod der Mutter dringend gebraucht, und es wäre eine Katastrophe gewesen, hätte sie den Männerhaushalt verlassen. Womit sie ein wenig eigenes Geld verdiente, war das Erikasammeln, für das die Büsumer Deichbauern ein paar Groschen zahlten. Das war ihr Anteil, um die Brüder und den Vater zu versorgen und zu bemuttern. Alle fuhren sie zur See. Fast alle blieben sie auf der See, der Vater, die Brüder. Nur Uwe, der Jüngste blieb übrig. Nur er hatte das Sprüchlein der Großmutter gelernt und von seiner Schwester übernommen, mit dem Wind zu kommunizieren. So ließ der Wind von ihm ab auf der stürmischen See. Denn er hört auf die Worte der Menschen, wenn die Worte wahr sind. Und Uwe war ebenfalls ein himmlisches Kind, eine bemühte Seele, ein gläubiger Mensch.

Als der Pastor hörte, dass auch Uwe sein Leben der Nachsicht des Windes zu verdanken habe, weigerte er sich, dessen Töchterchen zu taufen. Und auch, weil sie ein sogenanntes Kind der Liebe war und ihre Eltern noch nicht verheiratet, denn Uwes Schiff kam erst zurück, als seine Leevje schon geboren war. Deshalb sollte sie auch (ming) Leevje heißen, (mein) „Liebchen". Doch diese Namensform wollte der Pastor nicht annehmen, weil sie so nicht in seinem Taufbuch stand.

Also musste Wiebke mit ihrem ehemaligen Verlobten sprechen. Das war nicht einfach und dauerte einige Monate, bis sie Erfolg hatte. Obwohl er sie noch immer liebte und schmerzlich vermisste, seine Windbraut.

Längst hatte er eingesehen, dass das, was er für die liebliche Wiebke eingetauscht hatte, ein Drachen war, äußerlich wohl ein schöner, doch innerlich ein giftiger. Er betete für sie umsonst um Erleuchtung, denn sie scheute das Licht. Das drückte ihn sehr und schwer, aber er musste einsehen, dass seine Frau von dunklen Mächten umgeben war. Und gerne hätte er den Wind um Hilfe gerufen, wagte es aber nicht.

„Ach, wie bin ich von Gott gestraft worden," sagte er zu Wiebke. Doch Wiebke war anderer Meinung: „Nicht Gott straft. Du bestrafst dich selbst."

Das konnte der Pastor jedoch nicht einsehen, obwohl er sich vor Gott fürchtete, und er fürchtete sich auch immer mehr vor dem Wind.

Und als nun die Nebelzeit kam und der dunkle Winter, der Menschen und Seelen bedrückt, weil das Licht fehlt, das äußere und innere Licht, kam auch die Zeit, wo der ängstliche Pastor ansprechbarer wurde. Wieder kamen die Sturmnächte, überprüften die Dithmarscher ihre Reetdächer, besserten aus, zurrten fest, um vor der Kraft des Windes zu bestehen. Der Pastor war immer einsilbiger geworden, unsicherer. Und weil ihm wohl die guten Mächte nicht mehr zugänglich waren, bot er endlich die Taufe von Leevje an. Erst Hochzeit, dann Taufe – es glich einem Handel, den der verängstigte Pastor mit den himmlischen Kräften abzuschließen bereit war. Wiebke durchschaute ihn, schwieg aber. Denn nur sie und die jungen Eltern wussten, wie wichtig Hochzeit und

Taufe zu diesem Zeitpunkt waren, denn es war schon wieder ein Kind der Liebe unterwegs.

Als das der Pastor auch nach einigen Wochen erfuhr, regte er sich mächtig auf und schrie, dass das heilige Sakrament der Ehe beschmutzt worden sei. Er schien an seinem Anteil an dieser Schuld zu zerbrechen und verweigerte wieder vorübergehend die Taufe des zweiten Kindes. Denn er fühlte sich hintergangen von dieser Familie, die nicht die Gebote hielt, die ihm so wichtig waren. Wo er sie doch so eisern hielt, all diese Gebote, die er zu Verboten gemacht hatte, und er trotzdem geschlagen war mit einem Drachen, der ihm das Leben vergiftete.

Weiterhin wurde seine liebliche Windbraut Tante und immer wieder Tante, bis die kleine Reetdachkate zehn Menschen beherbergte. Kinder über Kinder von liebevollen Eltern, denn Uwe und seine Emma waren ein glückliches Paar. Und Tante Wiebke war die Hilfe, die Emma dringend brauchte für ihre wachsende Kinderschar. Ganz besonders fühlte sich Wiebke mit Leevje verbunden, dem ersten Kind der Liebe. Bei ihr spürte sie die Aufnahmefähigkeit, das Gefühl und Verständnis für das Wirken Gottes in der Natur.

Und so gebot auch Leevje dem Wind das Schweigen und die kleine Kate in der Schulstraße auszulassen, wenn er wieder im Winter durch die Straßen tanzte und die Menschen neckte oder in Angst und Schrecken versetzte. Besonders tobte er sich über dem Haus des Pastors aus, denn dort wand sich eine Schlange der Scheinheiligkeit.

Und betete auch der arme Pastor gegen die Lügengespinste und die Umnachtung seiner Frau an, so wurde er doch immer mehr mit eingewoben und ertrank fast in Selbstmitleid.

Wiebke sah es bekümmert und konnte nicht helfen. Aber sie betete zu Gott und zu Christus um Erlösung und bat den Wind ebenfalls um Hilfe.

Und dann kam die Sturmnacht, in der der entfesselte Wind das schöne große Reetdach des Pastorenhauses abdeckte, in der die Balken unter seiner Wucht krachten und zersplitterten und sich die äußeren Kräfte mit den inneren Kräften der Pastorengattin messen wollten.

Denn die war kein himmlisches Kind, und so konnte der Wind sie mitnehmen, durch die Lüfte schleudern, zum Spielball machen, so wie die dunklen Mächte diese Frau längst schon zu ihrem Spielball gemacht hatten. Und deshalb konnten diese dann auch dem Wind ihr Eigentum entreißen und mitnehmen in ihre letzte Bastion in der Erde.

Der Pastor war nun Witwer, aber keineswegs, wie es die Gemeinde erwartete, ein gebrochener Mann. Eigenhändig deckte er wieder sein Reetdach - mit einem fröhlichen Lied auf den Lippen. Wann hatte man den Pastor je fröhlich und singend gesehen?

Und als er sein Dach ausgebessert hatte, bat er Wiebke, die alt gewordene Wiebke, um ihre Hand. Er drängte, nach einer kurzen Verlobungszeit, schnell zur Heirat. Er hatte es eilig und viel nachzuholen. Denn er wusste, dass nach den dunklen Nächten nun endlich für ihn die Sonne scheinen würde. Und zärtlich nannte er seine Frau seine Windbraut, und er ließ sie beten, was sie wollte, mischte sich nicht mehr ein, sondern partizipierte von ihrer Wärme und ihrer Liebe.

Sie war wirklich ein himmlisches Kind, und er entspannte sich an ihrer Seite, wurde weicher, weiter – und erfasste endlich, was Liebe bedeutet, Liebe zu einem Menschen und Liebe zu vielen Menschen und Seelen und damit zu Gott. Und in diese Liebe schloss er nun endlich auch den stürmischen Wind der Veränderung mit ein, das aufschäumende Wasser der Gefühle, das lodernde Feuer der Liebe und die große Geduld der Erde mit ihren unwissenden Menschenkindern. Dankbar schrieb er über die Tür seines Hauses: „Es gah uns wol up unse olen Dage!"

Leevje war die nächste Generation und noch entwicklungsfähiger. Sie war ein Kind des Himmels und der Liebe. Und sie sprach mit dem Geist des Windes genauso wie mit den jenseitigen Welten der Geister und Engel. Deshalb wurde ihr bald klar, dass es bei dem Sprüchlein zur Anrufung des Windes, das die Tante sie gelehrt hatte, nicht auf die Worte ankam.
Tante Wiebkes Großmutter hatte es schon gesprochen und vielleicht auch schon deren Großmutter. Es hieß, dass es sogar von der sagenhaften Insel Rungholt stammen sollte, die im 14. Jahrhundert als reiche Insel untergegangen war und die armen Halligen übrig gelassen hatte, von denen ihre Vorfahren stammten.
Aber so wie der alte Pastor nicht mehr an den Worten seiner Bibel festklebte und begann, auf seine alten Tage ihren Sinn zu verstehen, so erfasste auch Leevje, dass es nur auf die Liebe ankam. Der Wind wehte, wo und wie er wollte. Doch

dort, wo die Liebe war, säuselte er. Nur darum ging es, ihn in seinem Übereifer zu stoppen und ihm zuzurufen, dass er die Liebe nicht übersehen solle, die in dem Haus wohne, wo man mit ihm sprach. Mit den Finsterlingen wollte Leevje nichts zu tun haben.

Eines Nachts - Tante Wiebke war schon längst in ihre jenseitige Heimat zurückgegangen - träumte Leevje von ihr, sah die leuchtende, lächelnde Gestalt, die ihr zunickte und sagte: „Es bleibt das himmlische Kind übrig." Und in die Weite und damit Zukunft schauend prophezeite sie ihr: „Der himmlischen Kinder werden immer mehr und die Zeit ist nah, wo der Wind die Spreu vom Weizen trennt."
Das war die Bestätigung, auf die Leevje gewartet hatte. Endlich war es so weit. Der Kampf war vorüber! Nun konnte man die finsteren Mächte sich selbst überlassen. Ihr Machtkampf war auf einem Höhepunkt angelangt, wo sie sich nun selbst zerfleischen und sich gegenseitig vernichten würden. Der Wind weht, und die Spreu weht davon. Sie ist nicht zu halten. Und sich mit ihr zu beschäftigen, ist müßig und überflüssig geworden. Aber sie zu lieben, ist nicht leicht, und wer das

kann, der ist schon weit, so weit wie Leevje.

Doch wem das noch nicht gelingt, der soll sich nicht grämen. Er kann für sie beten in den Stürmen der Übergangszeit, wenn der Wind tobt wie zuvor die dunklen Mächte getobt haben, und wenn der Wind zerstört, wie die mächtigen Drachen der globalen Weltherrschaft und die listige Schlange der Lüge diese Erde zerstört haben. Der Wind ist ein Ausführender, er bringt das Gesetz der Ernte, den Ausgleich. Deshalb sollten die, die das Licht der Liebe in sich spüren, dem Wind zurufen:

> Wind, Wind, himmlisches Kind!
> Schütze mich Wind,
> ich bin auch ein himmlisches Kind!

Es können auch andere Worte sein, denn der Wind versteht unsere Sprache, vor allem die Sprache des Herzens. Und vor ihr wird er zum säuselnden Lüftchen, hüpft er im Gleichklang unseres Herzens auf und ab.

So ist die apokalyptische Zeit nahe, wo die vier Winde an den Enden der Erde losgebunden werden. Es wird eine Zeit des Ausgleichs sein, denn die Winde zerstören nur das, was schon morsch und krank ist. Und es wird nur davonfliegen, was schon nicht mehr fest ist. Der Wind wird die Masken herunterreißen und sortieren. Er kennt die Drachenbrut und die himmlischen Kinder. Es wird keine Täuschung mehr geben, und wir werden die Wahrheit erkennen, auf welche Seite einer gehört, auf die des Lichtes oder die der Finsternis.

Und dort, wo sich Licht und Dunkelheit die Waage halten, wird es notwendig sein, den Elementen mitzuteilen, für welche Seite sich der Schwankende entschließen will. Denn es ist auch eine Zeit der Entscheidung.

Es gibt nur zwei Seiten auf Erden. Und wer sich nicht gleich für die himmlische Seite entscheiden kann, wie es der Pastor aus dem Dithmarschen auch nicht gleich konnte, der wird ebenfalls noch eine weitere Chance erhalten.

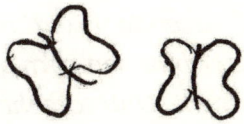

Astrologische Märchen:

Das Tor zum Leben –
der Aszendent

Als Aszendent wird in einem Horoskop der Punkt bezeichnet, an dem am Tag der Geburt die Sonne aufgeht. Und so geht jeder Mensch mit den Eigenschaften des Sternzeichens an seinem Aszendenten seiner Sonne entgegen. Das ist sein Entwicklungsweg.

Und der Engel trat vor das Tor und berührte es mit dem Stab der Liebe.

„Das ist dein Tor zum Leben," sagte er, „das ist deine neue Aufgabe!" Ich schaute weder freudig noch skeptisch, weder mutig noch furchtsam. Aber ich wusste, es würde nicht einfach werden.

„Wenn ich deine Stirn berühre, wirst du alles vergessen," sagte der Engel.

„Das ist das Einzige, was mich ängstigt," sagte ich, „wie komme ich nur zurecht in den Straßen der Welt, wenn ich nicht mehr weiß, welcher Weg der meine ist?"

„Ich bin dein Wegweiser," sagte der Engel, und er leuchtete hell wie die Sonne.

„Und ich auch," hörte ich hinter mir eine weitere Stimme sagen. Ich drehte mich um. Es war dunkel geworden. In dieser Dunkelheit konnte ich nichts erkennen.

„Ich seh' dich nicht," sagte ich.

„Du wirst auch lange brauchen, bis du mich erkennen kannst," klang es leise, „denn ich verberge mich vor dir. Du wirst mich suchen müssen." Das dunkle Wesen näherte sich mir und ich hörte es deutlicher, aber ich konnte seine Umrisse nicht klar erkennen.

„Ich werde dich aus vielen Gesichtern anschauen,

und ich werde dich zornig machen, wenn du das Dunkle siehst. Aber so lehre ich dich, mich anzusehen und als einen Teil von dir zu erkennen. Und dann flüstere ich dir zu: nimm mich an, nimm dich an; liebe mich, so liebst du dich. Denn ich bin der Teil in dir, den du nicht sehen willst, den du nicht wahrhaben willst, der dir aber in deinen Träumen immer wieder gezeigt werden wird. Ich bin dein Schatten."

Ich wandte mich ab von meinem Schatten und schaute auf den hellen Engel, der in das Tor trat.

„Folge mir," sagte der und berührte meine Stirn mit dem Stab des Vergessens. Da betrat ich das Tor, das Tor zu meinem Leben. Ich sah meine Mutter, die lächelnd ihren hohen Leib streichelte und zärtlich sagte: „Bald, mein Kind, bald werde ich dich sehen."

„Nein, Mutter," wollte ich sagen, „nicht bald – jetzt!" Und schon ergriff mich der Strudel, wurde ich gepresst in den engen Kanal, sah ich meinen Engel nicht mehr.

„Engel, Engel," rief ich entsetzt und fühlte mich verlassen, „es ist so dunkel, ich seh dich nicht mehr."

Ich wurde gepresst und geschoben, und ich lernte den Schmerz kennen. Das war mein erster Eindruck. Und als ich hinausgepresst wurde in das künstliche Licht dieser Welt, war mein zweiter Eindruck, dass es kalt ist. Ich fröstelte.

„O Engel," rief ich, „wo bist du?" Aber ich hörte nur den Schrei des Säuglings. Kurz sah ich ihn noch einmal, meinen Engel, und er lächelte mir zu. Und ich sah auch noch einmal meinen Schatten, der flehte: „Vergiss mich nicht, vergiss nicht, mich anzuschauen. Nur so kannst du mich erlösen."

Und dann ging am Horizont die Sonne auf.

„Es ist ein Mädchen," sagte die Hebamme. Und da nahm mich meine Mutter in den Arm. Nie wieder hat sie mich so voller Liebe angeschaut, und unter diesem Blick wurde es mir warm. Ich vergaß den Schmerz, so wie sie den Schmerz vergaß. Und schon hatte ich auch meinen Engel vergessen und erst recht meinen Schatten, den ich erlösen sollte. Ich suchte Nahrung, ich suchte Geborgenheit. Und die Sonne berührte mich mit ihren Strahlen.

So begann mein Weg, als sich das Tor des Lebens geöffnet hatte. Vor mir lag das Haus meines Lebens, ein Haus mit 12 Zimmern*).

*) Ein Horoskop ist unterteilt in 12 sogenannte Häuser (verschiedene Lebensbereiche), die hier als 12 Zimmer des Lebenshauses bezeichnet werden.

Ich würde es durchschreiten, Zimmer für Zimmer. Und stets würden die beiden Wesen mit mir und vor allem in meinen Träumen sein, von denen ich nur noch ahnte, dass sie mich begleiten würden, der Helle und der Dunkle. Und ich spürte, wie sehr sich der Dunkle danach sehnte, hell zu werden, und dass es vielleicht erst im letzten Zimmer sein würde, dass er mich wieder fragt: „Hast du mich vergessen?" Es würde aber auch sein können, dass er mir dort entgegentritt, hell und beglückt: „Danke, dass du mich erlöst hast."

Dann würden die Engel singen, weil sich wieder ein Teil dieser Erde aus der Dunkelheit gelöst hat.

Ich wünschte mir sehr, meinen Anteil leisten zu können, dass die Schatten von der Erde verschwinden und die Erde angehoben wird in ihrer Schwingung.

Aber so fern war das alles - es entschwand bald ganz aus meinem Bewusstsein. Es war jetzt nicht wichtig, und es würde schon werden, irgendwie und irgendwann - ich war ja nicht allein. Müde von den Strapazen schlief ich an der Brust meiner Mutter ein. Der Anfang war gemacht !

Nicht nur für Kinder ...

Vor 10 Jahren für Jetske, meine älteste Enkelin ge-schrieben, heute, mit 11, von ihr illustriert.

Als Erklärung für die vielen saturnischen Rabauken auf dieser Erde, die uns bevormunden, aber es gut mit uns meinen und dafür, dass wir alle ver-zauberte Seelen sind, Prinzessinnen und Prinzen, die am Ende ihrer Tage aus dem Erdentraum erwachen und verwandelt sein werden wie der Schmetterling, der einmal ein Raupinchen war.

Der wunderbare Traum der kleinen Raupe Raupinchen

Es war einmal eine kleine Raupe, die war unzufrieden, eine Raupe zu sein. „Ich möchte so schön sein wie eine Blume," sagte Raupinchen.

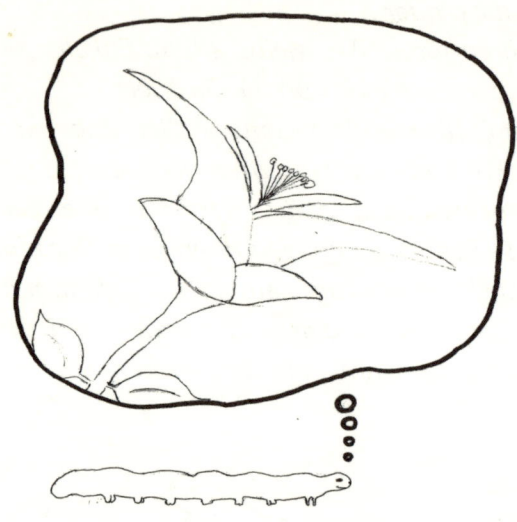

„Ich möchte so schnell sein wie ein Wiesel," klagte Raupinchen, „ich möchte hüpfen können wie ein Heupferdchen."

Und sie bemühte sich, schneller zu laufen mit ihren vielen kleinen Füßchen, und sie versuchte zu hüpfen. Aber sie fiel nur um und lag hilflos auf ihrem Rücken.

Da kam der schwarze Rabe Rabauke. Er krächzte „Pass doch auf!" und gab der kleinen Raupe einen kräftigen Schubs mit seinem Schnabel, und schon stand sie wieder auf ihren vielen kleinen Beinchen.

„Au," rief Raupinchen, „du tust mir weh." Dieser

grässliche große Vogel! Immer mischte er sich ein.

Als Raupinchen an einer Pfütze vorbeikam, hatte sie die großartige Idee, so zu schwimmen wie ein Fisch. Aber als sie im Wasser zu versinken drohte, war flugs der Rabe Rabauke da und pickte die kleine Raupe heraus, gerade noch rechtzeitig, sonst wäre sie sicher ertrunken.

„Pass doch auf!" krächzte der Rabe Rabauke.

„Au, du tust mir weh," rief die kleine Raupe und krabbelte erbost weiter.

Wenn sie sich nur nicht immer auf dem Boden abstrampeln müsste! Wenn sie doch auch einmal aus all den Grashalmen und Stängeln herauskäme, hoch hinauf, um den Überblick zu haben, was da oben alles summt und brummt und so wunderbar duftet!

Die kleine Raupe kletterte mühsam einen dicken Blumenstängel hinauf, immer höher, so dass sie schon den Duft der Blumen riechen konnte. Es summte und brummte im Blütchenkelch.

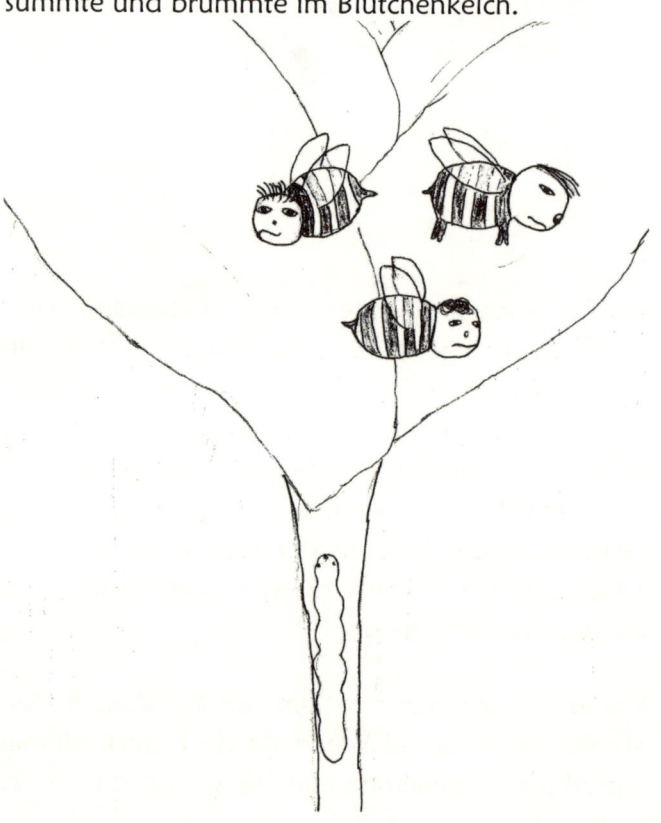

Und als Raupinchen endlich ihre ersten Füßchen über das Blütenblatt stemmte, fauchten die Bienen: „Verschwinde! Das ist unser Revier."

Aber gerade in dem Augenblick, als die Biene ihren Stachel zeigte, flog der Rabe Rabauke herbei und schüttelte den Blumenstängel, so dass Raupinchen herunterpurzelte.

„Pass doch auf!" krächzte der Rabe Rabauke.

„Au, du tust mir weh," rief die kleine Raupe. Dabei war sie doch nur ins weiche Moos gefallen.

Und dann fing es auch noch an zu regnen. Schnell liefen die Ameisen und Käfer davon. Wenn Raupinchen doch nur schneller wäre! Gerade mal die Schnecke war langsamer als eine Raupe. Aber die konnte sich zurückziehen in ihr Schneckenhaus und wurde nicht nass.

Wenn Raupinchen doch auch nur ein Haus hätte! Und tatsächlich, sie fand ein leeres Schneckenhaus und kroch hinein. Was war das für eine wunderbare trockene Nacht, als draußen der Regen nieder rauschte und die kleine Raupe geborgen in ihrem Häuschen schlief und noch nicht einmal nasse Füßchen bekam!

Am nächsten Morgen, als die Sonne wieder schien, wollte Raupinchen weiterziehen. Aber das Haus folgte ihr nicht.

„Komm," rief sie, „bei der Schnecke bist du doch auch mitgegangen." Aber das Schneckenhaus rührte sich nicht. Sollte Raupinchen bei ihrem Haus bleiben? Das könnte langweilig werden. Oder sollte Raupinchen weitergehen ohne Haus – zu all den schönen Dingen, die es noch zu sehen gab?

Das sah der Rabe Rabauke und gab Entscheidungshilfe. Er steckte seinen Schnabel in das leere Schneckenhaus und flog mit ihm davon.

„Mein schönes, schönes Haus," jammerte Raupinchen, „du böser Dieb, du hässlicher Vogel." Und machte vor Wut einen Purzelbaum.

Aber es gab auch Vögel, die gefielen Raupinchen. Zum Beispiel das reizende Rotkehlchen. Das setzte sich zu ihr auf die Erde, besah sich die kleine Raupe von allen Seiten und freute sich, einen so guten Bissen für ihre Kinder gefunden zu haben.

„Nimm mich mit," bat die kleine Raupe.

„Aber gern," sagte das Rotkehlchen und schnappte zu.

„Au, du tust mir weh," rief Raupinchen. Waren denn alle Vögel so grob? Der Vogel flog mit der kleinen Raupe im Schnabel hoch in die Luft. Da vergaß Raupinchen ihren Schmerz. Wie war das schön, so hoch über allem zu fliegen! Und was man da alles sehen konnte! Den Himmel, die Blumen und einen riesig großen Baum!

Auf dem Baum war das Nest. Und in dem Nest rissen die Vogelkinder hungrig ihre Schnäbel auf. Wäre da nicht der Rabe Rabauke gekommen, wäre die kleine Raupe schwuppdiwupp aufgefressen worden. Mit grässlichem „Krah-krah" eilte Rabauke herbei, und vor Schreck ließ das Rotkehlchen Raupinchen fallen.
Tief, tief fiel sie. Aber elegant fing der Rabe Rabauke sie auf.
„Au, du tust mir weh," rief Raupinchen.

Der Rabe trug die kleine Raupe zu einem dichten Strauch und krächzte: „Pass auf! Nun ist deine Zeit gekommen, dir ein Bett zu bauen und zu schlafen. Träume, kleine Raupe, träume, du wärst ein Schmetterling!"
Da baute sich Raupinchen ein kleines Puppenbettchen, so wie das alle Raupen tun. Sie kuschelte

sich tief hinein und träumte den schönsten Traum
ihres Lebens.

Sie träumte, eine Prinzessin zu sein. Sie träumte,
leuchtende Flügel zu haben und dass sich die
Blumen vor ihrer Schönheit verneigen.

Als sie aus diesem wunderbaren Traum erwachte
und die Augen öffnete, öffnete sie gleichzeitig
auch ihre Flügel. Und sie sah entzückt, dass der
Traum Wirklichkeit geworden war. Sie war eine
verzauberte Prinzessin gewesen!
Aus einer Raupe war ein herrlicher Schmetterling
geworden!

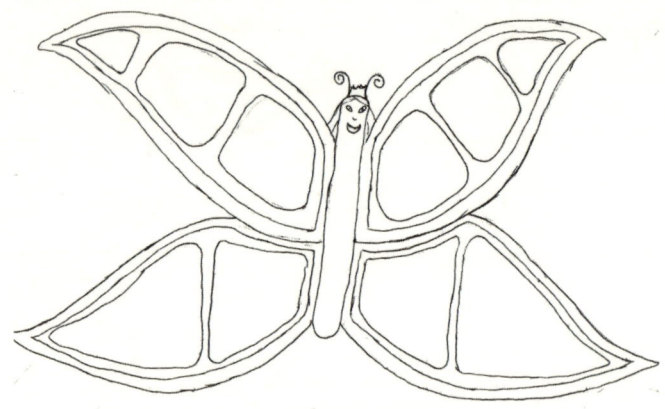

Und auch der schwarze Rabe Rabauke war verwandelt. Weiß leuchtete sein Federkleid, und er verneigte sich vor dem prachtvollen Schmetterling: „Leb wohl, Prinzessin Schmetterling. Meine Aufgabe ist erfüllt. Nun bin ich erlöst aus meinem Erdentraum und darf zurückkehren zu meinem Stern, zu dem fernen Planeten Saturn, von dem es heißt, dass er der Feind aller Raupen und der Freund aller Schmetterlinge ist."

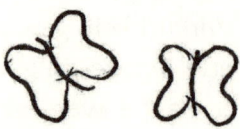

Neptun-Träume

Der Planet Neptun wird astrologisch als das höhere Prinzip der Venus gesehen, die die menschliche Liebe symbolisiert, Neptun jedoch die göttliche. Neptun entschleiert und entfernt die Nebel, die vor dieser selbstlosen, grenzenlosen, kosmischen Liebe liegen. Diese Nebel können heißen: Sucht, Verwirrung, Opfer, Leid, Lüge. Und der Weg durch diese Nebel kann die Realität verwischen und in eine Traumwelt und zu Medialität führen. Das ist vor allem für die verwirrend, die nicht ausreichend geerdet sind. Denn so lange wir auf Erden leben, sollen wir unser Leben hier bejahen. Aber auch das Träumen nicht vergessen! Und noch besser: unser Leben und unsere Träume verstehen lernen!

„Unsere Luisa ist nicht von dieser Welt," pflegte ihre Mutter zu sagen, wenn sie wieder hilflos vor der Bilderwelt ihrer Tochter stand und nicht wusste, ob sie das Kind eine Lügnerin nennen sollte oder ob es einfach nur zuviel Phantasie hatte.

„Unser Träumerli!" sagte dann der Vater. Und die kleine Luisa schlang ihre dünnen Ärmchen um seinen Hals, schaute in die Aura des Vaters und versicherte ihm: „Die Peitsche kommt nie wieder, Papa."

„Welche Peitsche?" Das Kind wusste nichts von Galeerensträflingen, und so konnte es das Bild der Vergangenheit, das es im Wachbewusstsein sah, nur umschreiben.

„Der zornige Mann nimmt eine Peitsche, wenn du aufhörst zu rudern," sagte Luisa schaudernd, „aber nun ist die ins Wasser gefallen."

Den Vater berührten die Worte tief. Aber sie ängstigten ihn auch, und er befürchtete, dass seine kleine Luisa mit solchen Geschichten Anstoß erregen könnte in einer Welt, in der man nur an das glaubt, was man sieht. Und andere Menschen sehen nicht das, was Luisa sieht. Auch nicht ihre Eltern. Aber sie glaubten ihr.

„Erzähle deine Bilder lieber so, als wären sie ein Traum," schlug die Mutter vor, um ihr Kind vor Schaden zu bewahren.

„Aber du hast doch gesagt, Mama," erwiderte Luisa, „dass ich nicht lügen darf."

„Ja, mein Kind," bestätigte die Mutter, „wer lügt, ist ein Lügner und niemand vertraut ihm. Aber wenn du deine Bilder als Traum beschreibst, lügst du nicht, du nimmst nur ein anderes Wort für deine Bilder, die anderen Menschen wie ein Traum vorkommen."

Das Kind gehorchte, ohne zu verstehen. Es spürte nur, dass andere Menschen ihre Gabe nicht besaßen, und sie es diesen erleichtern sollte, sie und ihre Bilder anzunehmen und zu verstehen. Und Luisa wollte doch so gerne verstanden werden. Aber das war schwer, sehr schwer. Denn das, was Luisa sah, lag tief im Unterbewusstsein des Betroffenen. Aber sie konnte es in seiner Aura sehen, weil es eine Belastung war, die er lösen sollte. Luisa musste erleben, dass sich manche Menschen vor ihren Bildern ängstigten. Denn wer schaut schon gerne in die Schatten seiner Vergangenheit, auch wenn es ihm eine Hilfe sein könnte?

Mit der Zeit lernte Luisa, mit ihren Fähigkeiten umzugehen. Sie wurde dankbar dafür, dass sie von ihren Eltern keine Ablehnung erfahren hatte und auch kein Verbot, sich darüber zu äußern, so dass ihr die feinstoffliche Welt nicht verloren ging. Luisa begriff bald, dass es zwei Welten gibt, eine grobstoffliche und eine feinstoffliche, und dass es die feinstoffliche Welt ist, die die meisten Menschen nicht sehen.

Luisa hatte nur in ihrer Kindheit die Freude erlebt, dass Gleiches Gleiches anzieht. In dieser glücklichen Zeit hatte sie nicht allein mit den Blumendevas und Wichteln gespielt. Da spielte noch so manches Kind aus der Nachbarschaft mit ihr, das auch nicht nur von dieser Welt war, aber das Probleme zuhause bekam und ausgelacht wurde oder sogar bestraft, wenn es erzählte, was es noch so alles sehen konnte. So ging dessen geistiger Vorhang langsam zu, denn was nicht sein durfte, war dann auch eines Tages nicht mehr.

Luisa bewahrte die Methode, ihre Einblicke in das Geistige als Träume zu bezeichnen, vor dem Verlust ihrer Gabe. Doch je älter sie wurde, desto einsamer fühlte sie sich, weil sie sich niemandem anvertrauen konnte.

Und als sich Luisa verliebte, war es leider auch nicht in eine verwandte Seele, sondern in einen Menschen, der ihre Hilfe brauchte. Luisas angeborene Hilfsbereitschaft hatte sie den Beruf der Krankenschwester wählen lassen, aber dass sie dann einen Alkoholiker heiratete, war letzten Endes doch zuviel für sie. Ihre Lebenskraft wurde fast ausgesaugt. Gerade ihre Bereitschaft, alles hinzunehmen, zu verzeihen und weiterhin an

Günters guten Willen zu glauben und dass er doch noch irgendwann von der Flasche lassen würde, halfen auch ihm nicht weiter. Denn Günter fehlte die Energie zum Aufhören. Und er war weder in der Lage noch willens, sich auf andere Weise Energie zu holen als bei ihr. Günters Wille war schwach. Er hätte eine starke Partnerin gebraucht, die ihn zu seiner eigenen Stärke geführt hätte, um ihn zur Umkehr zu veranlassen. Luisa aber bedauerte ihn mit ihrer mitfühlenden Fische-Sonne und litt stattdessen mit ihm.

„Mein armer Günter," sagte sie, „habe doch keine Angst mehr, dass man dich verlässt."

Denn sie sah in seiner Aura die Bilder gespeichert, die ihn belasteten. Sie sah den langen Treck von Flüchtlingen, sah den überfüllten Zug, das einsetzende Gedränge, das Kind, das von der Mutter getrennt wurde, und das sie nie wiederfinden würde. Luisa erzählte ihre Bilder als Traum. Entsetzt sah Günter sie an, weil er fühlte, dass hier der Punkt war, der ihn schmerzte. Aber er weigerte sich, in diese Bilder hineinzuschauen. Es war für ihn einfacher, sie als Hirngespinste abzutun und zu jammern, sie solle ihn mit ihren schrecklichen Träumen in Ruhe lassen.

„Aber mein armer Günter," versuchte es Luisa

weiter, „ich erzähle es dir doch nur, weil das alles vorbei ist. Es ist ein Traum aus alter Zeit. Und die alten Zeiten sind vorbei."

Aber Günter wollte nichts mehr davon hören und öffnete die nächste Flasche.

Was bei anderen Menschen, denen Luisa nicht so nahe stand, hilfreich sein konnte, stellte sich bei ihrem Mann als das Gegenteil heraus. Es gruselte ihn vor ihren „Träumen". Vor allem, wenn sie angeblich träumte, dass hinter ihm eine Gestalt darauf lauere, mitzutrinken und ununterbrochen versuche, ihn zum Trinken zu animieren.

„Sei still!" schrie er dann, und manchmal schlug er Luisa.

Aber die meisten Patienten waren der Krankenschwester Luisa dankbar für ihre Träume, die sie berührten und ihnen oft weiterhalfen, entweder gesund zu werden oder sich in würdiger Weise von dieser Welt zu verabschieden. Manchem Patienten, der Angst vor seinem Tod hatte, konnte Luisa durch ihre anschaulichen Traumbilder helfen, mit denen sie Freunde und Verwandte des Sterbenden beschrieb, die schon zu seiner Abholung in die feinstoffliche Welt bereit ständen. Luisas Beschreibungen waren so anschaulich und zutreffend, dass die Abholenden sofort erkannt wurden und die aufkommende Wiedersehensfreude mit der jenseitigen Familie die Bindung zu der diesseitigen Familie lösen half.

Doch der Stationsarzt warnte Luisa und forderte sie auf, den Mund zu halten. Sie war bereits in den Nachtdienst abgeschoben worden, als sie mit einem blauen Auge zum Dienst kam, weil Günter sie geschlagen hatte.

„Sie haben wohl wieder geträumt?" machte sich eine Schwester bei der Übergabe lustig. Aber es gab auch Mitgefühl, vor allem bei den Patienten, die ihre Schwester Luisa liebten. Die alte Frau Müller strich sanft mit ihrer Hand über Luisas aufgeplatzte Augenbraue und sagte: „Sie müssen einmal ausspannen, meine Liebe."

„Ja," seufzte Luisa, „es wird Zeit, sonst habe ich keine Kraft mehr."

Frau Müller kramte in ihrem Nachttischschränkchen herum und bat dann Luisa, ihr zu helfen, einen großen blauen Umschlag zu suchen. Luisa fand ihn und öffnete ihn wunschgemäß. Er enthielt einen Reisegutschein.

„Für sie," sagte Frau Müller und lächelte glücklich, „es ist eine Reise nach Teneriffa, die ich meiner Tochter schenken wollte. Aber die wird sie nicht annehmen, das weiß ich jetzt. Sie fliegt lieber mit ihrem Mann nach New York, wie sie mir erzählte. Sie braucht das quirlige Leben einer Stadt um sich herum, hat sie gesagt."

„Das kann ich nicht annehmen!" Luisa kamen die Tränen.

„Das müssen sie annehmen, wenn sie mir eine Freude machen wollen," sagte energisch die alte Frau. So einfach war das.

Der nächste Tag war ein schwarzer Freitag. Luisa erhielt ihre Kündigung, weil sie nicht mehr länger tragbar sei. Als sie sich wie betäubt in das Zimmer von Frau Müller flüchtete, stand sie dort vor einem leeren, weißen Bett. Und auch im Stationszimmer wurde keine Frau Müller mehr geführt.

„Frau Müller?" höhnte die Stationsschwester, „nie gehört. Ich glaube, du träumst wieder."

Verwirrt und niedergeschlagen verließ Luisa das Krankenhaus. Sicher, zuletzt war der Zeitdruck immer größer geworden und die Arbeit immer anstrengender, aber das Krankenhaus war doch ihr Lebensinhalt gewesen und ihre Wirkungsstätte. Luisa weinte verzweifelt, und es war zum ersten Mal, dass sie Trost bei Günter suchte.

Aber dieser Rollentausch erschreckte ihren Mann

noch mehr als ihre Träume. Er war der Bedauernswerte, nicht seine Frau! Deshalb ergriff er die Flucht, stürzte in die nächste Bar. Und weil es ihn graute, zu seiner weinenden Frau zurückzukehren, machte er gleich eine mehrtägige Kneipentour. Als er wieder in ihre gemeinsame Wohnung zurück kam, war Luisa bereits auf Teneriffa.

Frau Müllers Geschenk an Luisa enthielt zwei Wochen Aufenthalt in der Ferienanlage Jardin de Mariposa in La Matanza. In diesem wunderschönen Schmetterlingsgarten fühlte sich Luisa, als wäre sie endlich nach Hause gekommen, auch durch das von der Leiterin und den Mitbewohnern angebotene vertraute „Du". Erzählte Luisa anfangs am Frühstückstisch noch von ihren angeblichen Träumen, so wurde sie nun aus dieser Traumwelt schnell herausgerissen.

„Luisa, das ist doch kein Traum, das, was du beschreibst, sehe ich doch auch in der Aura von Katrin," sagte zum Beispiel eine Seminarteilnehmerin. Nun erst konnte Luisa zur Wahrheit finden. Sie war angekommen unter Gleichgesinnten und solchen, die geistige Fähigkeiten bei anderen annehmen konnten, die sie selbst noch nicht hatten, aber für erstrebenswert hielten. Es war ein buntes

Häufchen esoterisch ausgerichteter Menschen, die sich dort trafen bzw. die angezogen wurden von diesem Schmetterlingsgarten mit seinen Kraftpunkten am Fuße des Pico de Teide.

Hinterher würde Luisa sagen: „Es war wie im Traum." Doch im Augenblick war es Wirklichkeit. Sie durfte unbeschwert sagen, was sie sah, was sie fühlte, was ihre Seele ihr vermittelte, konnte es mit Gleichgesinnten teilen, konnte endlich einmal sie selbst werden.

Gelöst aus dem Gefängnis, aufpassen zu müssen, was sie sagte, fühlte sich Luisa befreit und ihre Lebensenergie füllte sich auf, schäumte über und wurde ausstrahlende Liebe. Sie hatte das Gefühl, verliebt zu sein, ohne dies auf eine einzelne Person zu beziehen. Die Schönheit des blühenden Gartens, das strahlendblaue Meer unterhalb der steil abfallenden Klippen – alles war traumhaft und doch Wirklichkeit.

„Alles hier ist Ausdruck der Liebe," strahlte Luisa. Ob es der liebevoll gedeckte Tisch im lichtdurchfluteten Aufenthaltsraum war mit den Schalen voller tropischer Früchte aus dem eigenen Garten, ob sie ihr Bett hübsch gemacht vorfand mit einer roten Hibiskusblüte auf dem Kopfkissen – Luisa fühlte sich verwöhnt, angenommen und geliebt.

Sie hätte die ganze Welt umarmen können! Und dann träumte sie - diesmal war es wirklich ein Traum, ein sie vorbereitender Zukunftstraum - , träumte sie von zuhause, von einer Taxifahrt zu ihrer vertrauten Wohnung, die aber im Traum größer und größer wurde, sich ausdehnte, bis sie sich in ein Märchenschloss verwandelte.

Ein Traumschloss? Und wo war der Prinz? Das konnte ja wohl nicht Günter sein! Vielleicht war er der Frosch, der verwandelt werden sollte. Nein, Luisa wollte nicht mehr nach Hause, und sie hatte überhaupt keine Lust, einen Frosch mit Alkoholfahne zu küssen.

Aber jeder Urlaub geht zu Ende. Und Teneriffa, die Vulkaninsel mit den üppigen Gärten, ist eine Ferieninsel, ein Ort, wo man seine Seelenkraft wieder erspürt, ein schöner Traum! Aber doch leider ein vorübergehender.

Weinend saß Luisa im Flugzeug und trauerte einem Urlaub nach, der sie glücklich gemacht hatte. Deshalb war sie nun unglücklich. Sie würde zu Günter zurückkommen, den sie nicht vom Trinken heilen konnte, war ohne Arbeit und musste wieder von angeblichen Träumen sprechen, wenn sie anderen Menschen helfen wollte.

Die Stewardess, die ihr den gewünschten Tee brachte, flüsterte ihr zu: „Inneres Glück hört nie auf, nur äußeres vergeht." Erstaunt schaute Luisa zu der jungen blonden Frau empor, die wie ein Engel aussah, weil ihre Aura leuchtete und frei war von jeglichen Schatten.

„Träume ich?" flüsterte Luisa.

„Ja, Luisa, sieh das Leben als Traum an. Es ist ja nur eine kurze Zeit, gemessen an der Ewigkeit. Denke daran auf dieser Welt, wenn du dich unglücklich fühlst, dass du einmal aufwachen wirst, so wie jetzt auf Teneriffa. Hier hast du wirklich gelebt. Und wenn du wieder aufwachst aus diesem Traum, der dein Leben ist, wirst du wieder leben im Glück."

Luisa wischte sich die Tränen weg, schluckte und fragte: „Heißt das, auf Erden kann man nicht glücklich werden?"

„Doch," war die Antwort, „jeder, der liebt, ist glücklich. Auch der, der geliebt wird. Wichtig ist jedoch, lieben zu können. Und schön ist es, auch geliebt zu werden. Und wenn beides zusammentrifft, wird es paradiesisch. Aber wie lange bleibt das so?"

Und schon war die Stewardess ohne Schatten weiter gegangen. Luisa überlegte die Worte. Wie lange bleibt das so? Auch sie war verliebt gewesen in Günter. Und er hatte sie wohl anfänglich auch geliebt - oder gebraucht. Wie lange hatte das gedauert? Nicht ganz ein Jahr.

Als die Stewardess das Abendessen reichte, fragte Luisa: „Ein Jahr nur?"

„Das ist kurz, sehr kurz. Bei vielen ist es länger. Aber immer ist es begrenzt."

„Immer?"

„Immer. Denn auch was himmelhochjauchzend beginnt, kühlt sich ab. Die Liebe kann bleiben, aber sie verliert ihren ersten Schmelz. Irgendwann vergeht das Herzflattern. Irgendwann schlagen die Herzen wieder im normalen Takt."

„Wie trostlos," flüsterte Luisa, „warum kann die Liebe nicht bleiben?"

„Weil es eine menschliche Liebe ist," sagte die engelhafte Stewardess, „und menschliche Liebe im Land der Schatten hat es schwer. Denk darüber nach."

Und schon war sie weitergegangen. Luisa dachte darüber nach. Die Worte bedrückten sie.

„Nun?" fragte die Stewardess bei ihrem nächsten Rundgang.

„Was können wir machen im Land der Schatten?" fragte Luisa.

„Lieben, die Schatten zerlieben. Jeder Schatten löst sich in der göttlichen Liebe auf, nicht in der menschlich-persönlichen."

„Und wie komme ich zur göttlichen Liebe?"

Luisa spürte, dass das die entscheidende Frage war. Erregt versuchte sie die Stewardess an ihrer weißen Bluse festzuhalten, denn diese wollte schon weitergehen.

„Denke darüber nach," erhielt sie noch einmal als Antwort. Und dann kam die Stewardess mit der leuchtenden Ausstrahlung nicht mehr. Kurz vor der Landung fragte Luisa nach ihr. Aber eine Stewardess mit blonden Haaren gab es nicht. Und die anderen Stewardessen trugen blaue Blusen.

Was war nun Traum und was war Wirklichkeit? Träumte sie auf Erden von himmlischen Gestalten? Oder träumte sie, auf der Erde zu sein? Luisa war verwirrt. In ihrem Kopf hüpften die gehörten Worte konfus durcheinander. Diese himmlische Stewardess hatte viel gesagt, aber Luisa zu keinem Endergebnis geführt. In diesem Zustand der Verwirrung war es ihr schließlich auch egal, dass Günter nicht gekommen war, sie abzuholen. Luisa nahm sich ein Taxi.

Der Taxifahrer versuchte ein Gespräch. Aber Luisa

dachte nach und reagierte nicht. Was sollte werden mit Günter? Würde sie bald eine neue Arbeitsstelle finden? Sie war so in ihrer Gedankenwelt versunken, dass sie die Worte des Taxifahrers nicht hörte, und er sie wiederholen musste: „Keine Sorge, junge Frau, ihre Probleme sind schon gelöst."

„Wie bitte?" Luisa schaute ihn erwachend an, „wie kommen sie denn darauf?"

„Ich weiß es," sagte der Taxifahrer.

„Und wieso?"

„Ich habe die Gabe, so etwas zu wissen," gab der Taxifahrer zu, „denn meine Seele spricht zu mir. Deshalb fahre ich auch Taxi. Aus meinem Beruf hat man mich aus diesem Grund 'rausgeschmissen."

„Und was sind sie von Beruf?"

„Arzt! Ich war ein guter Arzt. Aber meine Methoden sind nicht von dieser Welt, wie man mir einmal gesagt hat. Ich weiß, was dem Patienten fehlt und brauche keine langen Untersuchungen. Ich weiß auch, was er braucht, um gesund zu werden. Und das kostet oft nicht viel. Und vor allem das missfiel manchem. Denn meistens brauchen die Menschen nur Liebe und Anerkennung, um auf den Weg der Besserung zu kommen. Wenn sie dann selbst in der Lage sind, zu lieben, brauchen sie keine Hilfe mehr."

„Meinen sie die persönliche Liebe oder die göttliche Liebe?" Luisa beugte sich erregt nach vorne. Konnte er ihr die Antwort geben?

Er konnte. Der Taxifahrer sagte: „Sie wissen es doch selbst. Ich habe es an ihrer Ausstrahlung gesehen. Sie können lieben. Andere können es noch nicht. Aber jeder sehnt sich danach. Jede Seele sehnt sich nach Gott. Und so gehen wir alle den Weg der Liebe, von der persönlichen hin zur göttlichen Liebe."

Plötzlich fiel Luisa der Traum ein, den sie auf Teneriffa geträumt hatte.

„Halten sie an! Halten sie an!" rief Luisa ungestüm. Das Taxi hielt. Luisa sprang heraus, öffnete die vordere Tür, sprang hinein und umarmte diesen merkwürdigen Taxifahrer. Und dann erzählte sie ihm alles, was sie erlebt hatte, von ihren Gaben, von ihrer Kündigung, von ihrem kurzen Glück auf Teneriffa, der Stewardess ohne Schatten und von ihrer Angst, nach Hause zu Günter zurückzukehren – und von ihrem Traum.

„Ach, es ist herrlich, wieder einen Gleichgesinnten zu finden," sagte Luisa und erneut leuchtete das Glück aus ihren Augen, das sie im Urlaub gefunden und fälschlicherweise verloren geglaubt hatte. Nun verstand sie, dass auch das Leben auf Erden traumhaft sein kann. Und dass es Träume gibt, die nie aufhören.

„Sie werden sich doch nicht wieder in Nebel auflösen?" fragte sie ängstlich. Vielleicht war auch der Taxifahrer nur eine Traumfigur?

„Nein, nein," sagte der Taxifahrer, „ich heiße Lukas und bin ein Mensch."

„Ein besonderer Mensch," sagte Luisa andächtig.

„Sie sind auch etwas Besonderes, Luisa," lächelte der junge Mann, „und deshalb sind ihre Probleme auch gelöst. Ihr Mann ist bereits nicht mehr in der gemeinsamen Wohnung. Wollen wir zusammen nachschauen?"

Sie schauten nach. Die Wohnung war leer. Auch die Möbel waren nicht mehr da. Erst stiegen Luisa die Tränen in die Augen. Ihre schöne cremefarbene Couchgarnitur! Aber dann lachte sie.

„Dieser Traum ist ausgeträumt," sagte sie erleichtert.

„Ja," sagte Lukas zufrieden, „nun wollen wir einen neuen Traum träumen. Einen gemeinsamen. Wir sind uns so ähnlich, wir gehören zusammen, denn Gleiches zieht Gleiches an."

Und nun war er es, der Luisa umarmte.

„Das wird ein schöner Traum," freute sich auch Luisa und kuschelte sich an ihn, „ein Liebestraum! Was meinst du, können wir glücklich werden in dieser Welt der Schatten?"

„Warum denn nicht? Wenn wir fähig werden, unser Glück zu teilen, wird es wachsen. Wenn wir nicht nur uns lieben, sondern Himmel und Erde dazunehmen, wird diese Liebe eine universelle."

Lukas trug Luisas Koffer in die leere Wohnung. Aber diese Wohnung sollte nicht lange leer bleiben. Sie füllte sich, wurde bald ein Mittelpunkt für Menschen, die so ähnlich dachten wie Luisa und Lukas, denn die Lichter auf dem Berg werden weit entfernt gesehen.

Es wurden viele angezogen, nicht nur die Lichtsucher, die Träumer und Neptunier. Es kamen auch die, die ihre Traumwelt verstehen lernen wollten. Und es fanden die zu ihnen, die sich auch von der rauhesten Gegenwart nicht den Glauben an eine bessere Welt nehmen ließen.

Es war naheliegend, dass sich vor Lindas Traumschloss die graue, doppelköpfige Realität graulte. Sie verzog sich in andere, dunkle Flecken auf diesem Erdball.

Es gibt so viel Schattenorte, wo sich in Kriegsge-

tümmel und Wirtschaftskriminalität die Kampf-
bereiten austoben und ihre Opfer auswählen, so
dass als Ausgleich Traumschlösser entstehen müssen für die Suchenden. Wer dort sucht, der findet
und wird es eines Tages wissen, dass diese
materielle Erde nur ein vorübergehender Traum
ist, und dass wir alle Engel auf der Durchreise sind.

Das Neptun-Märchen
vom Paradies und von der Liebe

*Der Planet Neptun ist auch Symbol für unsere
Träume, Sehnsuchtsträume - die Sehnsucht der
Seele nach der Liebe und nach dem verlorenen
Paradies. Und Neptun, der Geist des Meeres, ist
ein archetypisches Symbol für alle Wasser, für
Nebel, Schäume und Träume.*

In 6200 m Meerestiefe fand die Konferenz statt. Neptun, der Herr des Meeres, hatte gerufen und alle waren gekommen. Neptuns Krone funkelte und leuchtete. Er hob seinen Stab und zauberte das Bild von zwei Menschen auf den Meeresboden. Diese Frau und dieser Mann, teilte er mit, müssten zusammenfinden, weil sie zwei Teile seien aus einem Teil. Es würde nicht einfach werden. Aber alle Mittel seien erlaubt.

Nebel wallen
Wellen fallen
Fische springen
Meerjungfrauen singen !

Alle Mittel erlaubt! Welch ein Abenteuer! Jeder freute sich auf seinen Einsatz, die Fische, die Meerjungfrauen und jeder Tropfen Wasser als Teil des großen Meeres der Liebe.

Da ging auf Madeira die Sonne auf, drängten sich die Sonnenstrahlen durch den Morgennebel, der die Konturen zwischen Meer und Himmel verwischt hatte. In den Hotels wurden die Zimmer hergerichtet für die neuen Gäste. Es gab frische Bettwäsche, neue Tischdecken, Blumen, Früchte und die obligatorische Flasche Begrüßungswein. Alles war vorbereitet.

Währenddessen startete in Deutschland das Flugzeug. Die sich finden sollten, saßen bereits in der gleichen Boing, er hinten, sie vorne, und sahen sich nicht. Und als sie ausstiegen im Flughafen Funchal, sahen sie sich immer noch nicht.

Eva Maria blinzelte in die gleißende Sonne und zog ihre Jacke aus. So heiß hatte sie es sich im Oktober hier nicht vorgestellt. Auch Paul, ihr Mann, zog sein Jackett aus und wischte sich den Schweiß von der Stirn.

„Ist das aber heiß," stöhnte er.

„Es ist die Mittagshitze," tröstete Eva Maria, „morgens und abends wird es nicht so heiß sein, schließlich nennt man Madeira die Insel des ewigen Frühlings."

Mit ihren Koffern traten sie heraus aus dem Flughafengebäude und in die Schlange der Wartenden, um sich in die verschiedenen Busse einweisen zu lassen. Und da sah Eva Maria das Meer!

Achtung! Einsatz!

Nebel wallen
Wellen fallen
Fische springen
Meerjungfrauen singen !

Die Delphine hatten ihren Auftritt!
„Paul, sieh nur mal," rief Eva Maria und deutete hinaus auf das Meer, wo soeben das Wasser aufspritzte und im Sonnenlicht die silbernen Leiber der Delphine blitzten, die in die Höhe sprangen, eintauchten und wieder ins Licht hüpften. Begleitet von unzähligen Wassertropfen und Wasserfontänen. Paul aber sah nichts. Für ihn waren statt der Fische die Nebel tätig.

Nebel wallen
Wellen fallen
Fische springen
Meerjungfrauen singen !

„Wie herrlich das aussieht, diese springenden Delphine! Sie glänzen wie Silber."

Aber Paul sah nur den Nebel, der grau und undurchsichtig über dem Wasser schwebte.

Doch auch für Michael waren die Delphine gesprungen. Er staunte. Denn er war nicht das erste Mal auf Madeira. Aber das hatte er noch nie gesehen. Herrlich! Er wollte schon seine Begleiterin anstoßen und sie aufmerksam machen, als er sich suchend nach ihr umdrehte und sein Blick den Blick von Eva Maria kreuzte. War das nicht? Blick zurück, Blick wieder hin - ihre Blicke trafen sich. Staunen! Wiedererkennen und in der Tiefe noch etwas. Was nur?

„Mehr-Eva-als-Maria!" rief er sie, wie er sie stets gerufen hatte und rannte an einem alten Mann vorbei und umarmte sie stürmisch.

„Michael, du hier!" Sie drückte ihn heftig, aber kurz, und trat dann zurück, sich dem alten Mann zuwendend.

„Paul, das ist Michael, ein Jugendfreund – Paul, mein Mann," stellte sie vor, nahm noch ganz benommen die Hand ihres Mannes und konnte den Blick nicht von Michael lassen. Wie gut er aussah, wie gut er noch immer aussah, fast unverändert! Immer noch der wilde, verwegene Michael!

„Mehr-Eva-als-Maria!" rief Michael und beachtete

ihren Mann nicht, „wie lange haben wir uns nicht gesehen! Bald zwanzig Jahre! Und nun treffen wir uns wieder auf Madeira! Weißt du, dass das meine Lieblingsinsel ist?" Ach, er sprudelte noch immer so. Immer noch ein großer Junge. Eva Maria lächelte. Das hatte sie damals fasziniert. Das faszinierte sie auf der Stelle wieder.

Sie hatten eine kurze, leidenschaftliche Affäre miteinander gehabt, und es war tatsächlich über zwanzig Jahre her. Aber so schnell wie es begonnen hatte, so schnell war die Luft heraus gewesen aus diesem unwirklichen Gebilde. Er, der große Junge, immer auf der Suche nach einem „schönen Gesicht". Sie, die Haltende, die ihm schnell lästig wurde. Und ihr Stolz, der ihr nicht erlaubte, hinter ihm herzulaufen. Es war nur ein Spiel gewesen mit der Liebe. Mehr nicht. Nur eine Ahnung. Aber Michael, der Wanderer, war bald weiter geeilt. Und Eva Maria hatte sich letztendlich getröstet, doch vergessen konnte sie ihn nie. Aber sie waren noch so jung gewesen!

Hinter Michael tauchte ein schlaksiges, junges Mädchen mit langem blondem Haar auf. Sie legte erinnernd ihre Hand auf seinen Arm. Nun erst drehte sich Michael um und stellte mit seinem Jungenlächeln vor: „Das ist meine Lolita!"

Das war etwas übertrieben, aber der Altersunterschied war auffallend. Auch wenn Michael noch immer wie ein großer Junge aussah, musste er doch inzwischen schon weit über die vierzig sein. Eva Maria hatte sich wieder gefangen, lächelte zurückhaltend das junge Mädchen an – ob die wohl schon zwanzig war? – und gab ihr die Hand. Nun erst besann sich auch Michael auf seine guten Manieren und kurz schüttelte er die Hand des alten Mannes. Der konnte ja Eva Marias Vater sein – ob er wohl Geld hatte?

Mehr-Eva-als-Maria war also verheiratet!

Eigentlich verständlich, aber doch unfassbar!

Sie steuerten auf den gleichen Bus zu. Die Männer verstauten die Koffer. Michaels Begleiterin setzte sich in die letzte Reihe. Eva Maria nach vorne. Und dann setzte sich Michael einfach neben Eva Maria.

„Erzähl, wie geht es dir?" Eva Maria nahm die Wärme seiner Haut wahr und atmete tief durch. Nur nicht zurückfallen! Wie oft hatte sie sich nach seinen Armen, seinem Mund, seiner Nähe gesehnt! Wie oft hatte sie das aufsteigende Bild verdrängt!

Wie oft hatte sie geträumt von ihm! Sehnsuchtsträume! ‚Er ist ein Taugenichts‘, hatte sie sich
gesagt, ‚er jagt junge Mädchen wie ein Leopard
die Antilope.‘

„Es geht mir gut,“ log Eva Maria, „da gibt es nicht
viel zu erzählen. Ich habe sehr bald geheiratet,
weil ich ja was zum Anlehnen brauche, wie du
vielleicht noch weißt. Und wie geht es dir?“

„Du siehst wunderbar aus!“ rief Michael aus, und
er sprach nicht leise, „du bist eine richtige Frau
geworden, ja eine Dame sogar!“

Er betrachtete entzückt ihr ausdrucksvolles, natur-
belassenes Gesicht, das er noch farbenfroh geschminkt in Erinnerung hatte, ihr zurückgekämmtes
welliges Haar, das eine klare Stirn freigab, die er
nur mit zerzausten Ponysträhnen kannte. Und nun
zogen sich feine Silberfäden durch ihr dunkles
Haar. Sie war eine Frau geworden, war nicht mehr
der lachende, lockende Fratz, den er eingereiht
hatte unter „noch ein schönes Gesicht“. Ungeniert
drückte er aus, was er dachte: „So gefällst du mir
noch besser!“

„Wie geht es dir?“ wiederholte Eva Maria ihre
Frage.

„Miiir? Ach, da gibt es nichts zu erzählen, ich bin
noch immer der Alte.“

„Wirklich? Noch immer auf der Suche?"

Eva Maria schaute ihn ernst an. Das gefiel ihm. Diese dunklen, ernsten Augen! Er hatte sie nur lachend in Erinnerung oder – am Schluss dann – weinend und gerötet.

„Ja, ja," gab er zu, „immer noch." Und dann schaute er auf die Hinterbank zu seinem „schönen Gesicht" und winkte ihr zu. Treuherzig gab er zu: „Da hat sich nichts geändert."

Eva Maria unterdrückte das Lächeln, das in ihr aufstieg. Dieser Michael! Er war älter geworden inzwischen, aber seine Begleiterinnen waren noch immer im gleichen Alter wie damals, als auch sie zwanzig gewesen war.

„In welchem Hotel wohnt ihr?"

„Kein direktes Hotel, wir haben eine Wohnung in der Villa Opuntia."

„Und wir im Inn & Art, das ist nur ein Stückchen weiter. Zufall?"

Nein, es gibt keinen Zufall. Und dass dies so bleibt, dafür sorgen Neptun und seine Heerscharen. Denn der Herr des Meeres weiß, dass die Beiden, die das Spiel der Liebe nur kurz gespielt hatten, ein Paar aus der Ewigkeit sind. Und nun würden sie zusammengeführt werden. Nun galt es, das innere Lichtlein zu berühren, damit die Flamme der ewigen Liebe aufbrennt, damit sie sich erkennen. Aber es gab ja noch Paul und Lolita.

Sie hieß gar nicht Lolita. Michael hatte das „schöne Gesicht" nur so genannt, weil er sich doch ein wenig vor Eva Maria genierte. Denn Tina war erst achtzehn.

„Eine alte Flamme von dir?" fragte Tina und packte den Koffer aus. ‚Ein Glück,' dachte sie ‚dass die ihren Mann dabei hat, sonst wäre der stürmische Michael gleich auf und davon, impulsiv wie er ist.'

„Ja, eine alte Flamme."

Michael grinste. „Alt" passte. Zum ersten Mal stieß ihn das Wort nicht ab. Es war ja wirklich lange her. Und so viele „schöne Gesichter" hatte er vergessen, aber das weinende Gesicht von Eva Maria war in seinem schlechten Gewissen und erinnernden Träumen gespeichert geblieben. Doch sie war jung und begehrenswert gewesen wie andere auch. Aber nicht blond.

Eva Maria öffnete die große Schiebetür mit den weißen Rundbogen. Vor ihr lag das dunkelblaue Meer!

„Wunderbar!" rief sie, „das ist ja wie im Paradies!"

Sie trat hinaus auf die blumenumkränzte Terrasse. Ein Stockwerk tiefer lag der kleine hellblaue Pool zu ihren Füßen, der aus einer großen Amphore gespeist wurde. Rechter Hand daneben die großen Palmen, kleine Bananenstauden am Poolrand. An einer weißen Balustrade im Hintergrund rankten grüne Pflanzen empor. Und zwischen der Balustrade und darüber hinaus: das Meer, unendlich weit das Meer!

Paul kam aus dem Schlafzimmer heraus und fragte nach einem Taschentuch. Der Ärmste! Er war schon wieder verschnupft.

„Die Wohnung ist sehr geschmackvoll," sagte er und schaute sich um: die großen weißen Räume, grüne Pflanzen, gelbe Tischleuchten und in den Korbmöbeln die gleichen bunten, fröhlichen Stoffe wie in den Übergardinen.

„Aber erst das Meer!" sagte Eva Maria, trat von der Terrasse zurück und beschaute sich nun auch die komfortable Ferienwohnung. Sie gefiel ihr auch, die weiße Küche mit dem offenen Teil zur Essecke, der schöne Rundbogen, das geräumige Schlafzimmer, die Runddusche. Ja, alles war geschmackvoll, großzügig und einladend. Aber das Meer! Eva Maria trat wieder hinaus. Und da sah sie wieder die springenden, silbernen Fische in der Ferne.

Nebel wallen
Wellen fallen
Fische springen
Meerjungfrauen singen !

Michael sah sie auch, die Delphine. Er zog Tina
hinaus auf den Balkon, gedankenlos ihren Arm
streichelnd.

„Siehst du die Delphine? Das habe ich hier noch
nie gesehen."

Aber Tina sah sie auch nicht. Sie zog sich langsam,
aufreizend langsam aus und ihren winzigen Bikini
an. Michael sah ihr zu, und doch sah er sie nicht.
Er überlegte, wie Eva Maria ausgesehen hatte.
Auch so schlank, aber nicht so groß. Und nun war
sie rundlicher, weiblicher. Nein, sie war nicht dick.
Dicke Frauen mochte er nicht. Aber angenehm
weich hatte sie sich von der Seite her angefühlt.
Und plötzlich dachte Michael, dass es gar nicht auf
eine jugendlich-hübsche Figur ankam – und auch
nicht mehr auf ein „hübsches Gesicht."

Den ersten Tag verbrachten die Paare für sich. Paul
war wohl noch mit seinem Argwohn beschäftigt,

aber Eva Maria beruhigte ihn, dass das eine alte Geschichte gewesen sei, und dass Michael sie verlassen hätte wegen einer großen Blondine.

„Typ blond, wie er ihn schon wieder oder noch immer hat. Er ist immer noch auf der Suche nach einem ‚schönen Gesicht‘, wie er es damals nannte. Tiefgang hat er nie gehabt." Leider!

„Er nannte dich ‚Mehr-Eva-als-Maria‘, warum?"

„Das sagt es doch aus. Damals war ich noch mehr eine Eva, und ich war wohl noch verführerisch und habe mich auch gerne verführen lassen."

Paul schwieg. Das war seine Wunde, dass er seine Frau nicht mehr verführen konnte. Seit er gespürt hatte, dass sie ihn nicht mehr liebte, hatte er gekränkt versagt.

Aber Eva Maria hielt zu ihm, und sie blieb bei ihm. Obwohl er älter und zittriger wurde. Immer mehr machte sich nun der große Altersunterschied bemerkbar. Er war stets wie ein Vater für sie gewesen. Aber nun drehte sich das Blatt, und sie wurde mütterlich und versorgte ihn.

Doch Paul wusste bereits, dass er sie verloren hatte. Am zweiten Tag ging er schon früh zum dunklen steinigen Meeresufer herunter.

Achtung! Einsatz!

Nebel wallen
Wellen fallen
Fische springen
Meerjungfrauen singen !

Die Meerjungfrauen hatten ihren Einsatz!
Verwundert lauschte Paul dem Gesang. Er war schon lange schwerhörig. Aber er war noch nicht senil. Dieser Gesang, woher kam er? Paul schaute hinaus auf das Meer und sah hübsche junge Mädchen, die ihm zulächelten. Er kniff die Augen zu und öffnete sie wieder. Die schönen Mädchen waren immer noch da! Eine schwamm sogar auf ihn zu. Und sie erinnerte ihn an das blonde Mädchen, das Lolita genannt wurde. Aber es war eine Meerjungfrau, eine Nixe!

Nebel wallen
Wellen fallen
Fische springen
Meerjungfrauen singen !

Der Gesang verzauberte ihn, weckte die Sehnsucht, noch einmal solch ein Geschöpf im Arm zu haben. Und berauscht und verzaubert machte er sich auf die Suche nach der blonden Lolita.

Michael kam vom Pool zurück und verkündete: „Ich geh mal kurz zu Eva Maria rüber."
„Nein," sagte Tina, „das kannst du mir nicht antun."
„Ich besuche sie doch nur."
„Du suchst sie, das ist etwas ganz anderes." Michael zuckte nur mit den Schultern. „Ich bin ja bald zurück." Wütend drohte Tina: „Dann bin ich aber nicht mehr da."
Und sie lief hinunter zum dunklen Strand, von wo aus ein wundersamer Gesang sie anzog.

Schnellen Schrittes ging Michael herüber zur Villa Opuntia. Ja, er suchte seine alte Liebe! Oder war es eine neue? „Mehr-Eva-als-Maria" passte gar nicht mehr zu ihr. Er fragte nach der Zimmernummer und klopfte laut. Eva Maria öffnete die Tür. Und da nahm er sie einfach in die Arme.
„Michael!"
Eva Maria ließ sich einen glücklichen Moment fallen. Es war doch schon so lange her, dass ein

Mann sie umarmt hatte. Aber die alte Alarmglocke schlug wieder an. Michael verliebte sich immer wieder in ein „schönes Gesicht". Und anscheinend auch noch einmal in ein „altes". Eva Maria machte sich frei und sagte leichthin: „Immer noch so stürmisch?"

„Mehr-Eva-als-Maria," sagte er, „wie konnte ich dich nur verlassen?"

Das Wort ‚verlassen' brachte Eva Maria wieder zur Vernunft. Lächelnd sagte sie: „So wie du jetzt deine Lolita verlässt, hast du mich verlassen. Immer auf der Suche nach etwas Neuem. Und diesmal sogar nach einer alten Liebe."

„Nein, nein," beteuerte Michael, „Lolita ist nicht wichtig. Sie ist nur ein Mädchen. Aber du bist eine Frau."

„Damals war ich auch nur ein Mädchen," sagte Eva Maria ohne Bitterkeit.

„Ja, du warst noch sehr jung. Wir waren beide noch sehr jung. Aber nun hast du etwas an dir, ich weiß es gar nicht in Worte zu fassen. Nun bist du keine ‚Mehr-Eva-als-Maria' mehr. Nun bist du eine Maria."

Eva Maria lachte: „So nennt mein Mann mich auch." Und damit war sie beim Thema. Sie war schließlich verheiratet. Und das machte sie ihm nun klar, dass sie keines seiner willigen Mädchen mehr war, die man nur umarmen musste und schon liefen sie wie kleine Hündchen hinter ihm her. Mit jedem Wort, das Eva Maria sprach, wurde ihr leichter ums Herz. Das musste alles einmal gesagt werden! Das hätte sie ihm gerne damals gesagt. Dann wäre ihr Stolz nicht so verletzt gewesen. Sie öffnete die Tür und schob ihn sanft hinaus: „Nun geh wieder zu deiner Lolita und sei nicht unfair zu ihr. Du wolltest mit ihr hier Urlaub machen. Also tue es. Geh bitte, denn gleich kommt mein Mann zurück, und ich möchte ihn nicht kränken." Aber Paul kam nicht.

Michael ging. Erst war er verwundert, dann war er betreten und dann sang es in ihm. So war noch nie eine Frau mit ihm umgegangen. Das war die Frau, die er suchte! Die Frau seiner Träume! Lolita hatte es erkannt. Diese Frau, ja diese Frau, suchte er. Nicht das Mädchen von damals, nein, eine richtige Frau!
Und sie hatte es fertig gebracht, dass er darüber nachdachte, rücksichtsvoller zu sein. Wie konnte er Tina die Wahrheit sagen, ohne ihr weh zu tun? Wie konnte er Tina verlassen, ohne dass sie ihren Kummer im Wein ertränkte. Er wusste, sie war labil.

Tina hatte inzwischen Paul getroffen. Galant hatte er ihr über die vielen Steine geholfen. Rücksichtsvoll war er, entgegenkommend, väterlich. Eine neue Welt! Und beide lauschten sie dem Gesang der Meerjungfrauen. Und beide waren sie wie verzaubert!
Es wurde Nacht, und Tina war nicht zurück.

„Kommen sie mit, Senhor," sagte Antonio, der Koch vom Inn & Art, der auch Fischer war, „ein einmaliges Erlebnis! Kommen sie mit zum Fischen!" Das hatte Michael schon immer vorgehabt. Er war ja nicht zum ersten Mal auf Madeira. Also fuhr er mit nach Camara de Lobos, wo der Espada, der schwarze Degenfisch gefangen wird, der tief unten im Meer noch auf 1000 m ein schillernd bunter Fisch ist, aber beim Hinaufziehen an der langen Angelleine Farbe und Leben verliert. Er kommt bereits blutleer an und ist dann schwarz geworden.

Achtung! Einsatz!

Nebel wallen
Wellen fallen

Fische springen
Meerjungfrauen singen !

Alle Mittel sollten eingesetzt werden. Und so geschah es, dass Michael einen Degenfisch fing, der lebte und noch in all seiner Farbenpracht leuchtete. Aber Antonio neben ihm im Fischerboot sah den Zauber nicht. Er fluchte, weil es so neblig war. „Du hast einen Wunsch frei, wenn du mich zurückwirfst," sagte der Fisch. Das war ja wie im Traum, wie im Märchen! Michael ahnte nicht, wie sehr Neptun Märchen und Träume liebt.

Achtung! Einsatz!

Nebel wallen
Wellen fallen
Fische springen
Meerjungfrauen singen !

Michael hörte einen wunderbaren Gesang! Der berührte sein Gemüt und sein Herz!
Und so fand er den richtigen Wunsch: „Ich wünsche mir, dass Tina nicht traurig ist, wenn ich

Eva Maria liebe." Dann warf er den riesigen Fisch zurück in die Wellen, die nun höher schlugen.

„Welch ein Wetter!" sagte Antonio, denn das Meer wurde immer stürmischer, „wir müssen zurück."

Aber es dauerte noch zwei Stunden, bis er seine Angeln eingezogen hatte und sie zurückfuhren nach Canico de Baixo.

‚Ach, hätte ich mir doch noch gewünscht, dass Eva Marias Mann auf sie verzichten kann,' dachte Michael. Aber das war nicht nötig.

Denn als Tina in Lolita-Art langsam ihren winzigen Bikini angezogen hatte, war Paul wieder jung geworden. Und zurückgekehrt beichtete er seiner Frau verschämt: „Ich bin nicht mehr impotent." Und Schnupfen hatte er auch keinen mehr.

Nun waren die Wege geebnet. Und es gab nicht mehr so viel zu tun für Neptun und seine Helfer.

Nebel wallen
Wellen fallen
Fische springen
Meerjungfrauen singen !

Denn das Lichtlein war angezündet und Eva Maria und Michael spürten den Sog, der vom Anderen ausging. Wie Magnete wurden sie zueinander gezogen. Und da ihre Partner kein Haltezeichen mehr darstellten, nahm das Tempo zu.

Aber ungewohnt schüchtern wie ein Teenager benahm sich Michael. Noch einmal wollte er diese Frau nicht verlieren! Und so begleitete er sie auf ausgiebigen Spaziergängen oberhalb des Meeres, über Klippen und an malerischen Gärten mit majestätischen Palmen und üppigen Oleander- und Glyzinienhecken vorbei. Er pflückte ihr die kleinen süßen Bananen, duftende Mandarinen, Mangos, Avocados und Papayas. Michael war aufmerksam und liebevoll, aber seine stürmische Art hatte er verloren und umarmte sie nur dezent. Doch sein Blick sprach Bände.

Sie unterhielten sich über Gott und die Welt und stellten überrascht fest, wie gleich ihr Geschmack, ihre Ansichten, ihre Vorlieben geworden waren. Welche Überraschung! Und Michael sinnierte: „Es war ja nur das Spiel mit der Liebe, das wir erlebt haben in unseren jungen Jahren."

„Ja," stimmte Eva Maria zu, „es war der Anfang der Bewusstwerdung, begehrt zu werden. Ich habe mich wirklich wie eine Eva gefühlt. Und es hat gut getan, zu spüren, wie du auf mein Spiel eingingst. Denn den Anfang habe ich ja gemacht. Weißt du noch?"

„Aber ja," lachte Michael, „und ich bin auch gleich auf dich geflogen wie ein Schmetterling auf eine neue, kostbare Blume. Du hast mir sehr gefallen. Aber die Gefühle gingen bei mir nicht tief. Es gab ja noch so viele Blumen."

„Bei mir gingen sie schon tiefer," erinnerte sich Eva Maria, „aber geweckt worden war vor allem das Weibchen, das besitzen wollte. Ich habe mich auf diese Weise kennengelernt, mein Begehren, meinen Anspruch, zu besitzen und meinen Stolz, nicht hinter dir herzulaufen."

„Ach, hättest du es getan?"

„Ich war nahe dran, dich zu suchen und mich dir an den Hals zu werfen, wenn du nur zurückgekommen wärst. Ich war bereit, mich zu demütigen. Aber ich wusste, dass es dich nur abstoßen würde. Da habe ich es schweren Herzens gelassen und lieber gelitten und mich bemitleidet."

Michael nahm sie tröstend in den Arm: „Ich war ein gefühlloser Klotz, verzeih mir!"

„Da ist nichts zu verzeihen. Du warst jung und noch gar nicht liebesfähig."

„Ja," Michael staunte, „das stelle ich erst heute

fest. So lange hat es gebraucht, bis ich ein bisschen zu Selbsterkenntnis finde. Nun aber kann ich einsehen, dass zur wirklichen Liebe mehr gehört als ein hübsches Betthäschen und ein schönes Gesicht. Ich spüre es jetzt, Liebe beinhaltet auch Verständnis und Gleichklang."

Eva Maria nickte: „Wir waren zu jung. Vielleicht ist es sogar so, dass wahre Liebe in jungen Jahren selten ist. Um zu wissen, was Liebe ist, muss man erst einmal verliebt gewesen sein, um den Unterschied kennen zu lernen. Wir waren noch jung und neugierig. Wir wollten die Liebe kennenlernen. Und dieses Kennenlernen hieß erst einmal auszuloten, ob man begehrt wird und zu schauen, wer einen begehrt und wen man selbst begehrenswert findet, um sich dann vorzutasten durch die Jahre zu der Liebe, die geben will."

Sie blieb abrupt stehen: „Ich möchte nicht wieder eine Affäre mit dir haben."

Das verunsicherte Michael noch mehr.

„Nein, nein," beeilte er sich zu sagen, „dafür bist du mir zu schade. Es ist wunderbar, im Gleichklang zu sein. Das möchte ich nie mehr vermissen."

Von Liebe wagte er nicht zu reden. Und doch wussten sie beide, dass es Liebe war. Die Liebe füllte sie aus bis unter die Haarspitzen. Die ganze

Welt war verzaubert. Intensiv nahm Eva Maria jede Blume auf, streichelte jeden Hund, der vorbeilief - aber nicht Michael. Die Befangenheit war merkwürdig für zwei, die einmal ein Paar gewesen waren. Aber es war eine zarte Pflanze, ihre Liebe.

Paul und seine Lolita waren von einem anderen Kaliber. Sie nahmen sich ein gemeinsames Appartement. Eva Maria lachte gutmütig, denn Paul strahlte und hatte wieder einen beschwingten Gang. Hoffentlich dauerte es wenigstens diesen Urlaub lang! Aber Paul machte Pläne, und Eva Maria staunte, als er die Scheidung ansprach.

„Von mir aus," sagte sie, „aber hast du nicht ein wenig Angst, dass sie dich nur deines Geldes wegen nimmt?"

„Das mag sein," stimmte Paul zu, „und wenn es so ist, ist es die beste Investition, die ich machen kann. Noch genießt sie, dass ich sie verwöhne und galant bin. Und ich genieße ihren Körper. Wir sind beide beglückt über das, was wir erhalten."

Eva Maria wollte es gerne glauben. Es war ihm zu gönnen. Und sie hoffte von Herzen, dass es kein böses Erwachen geben würde.

Michael und Eva Maria fuhren in den Botanischen

Garten nach Funchal, um die großartige Ansammlung von Kakteen, Agaven, Palmen und leuchtenden Blumen anzusehen.

„Wie im Paradies," schwärmte Eva Maria über die vom Klima begünstigte Insel, auf der es blühte und nicht aufhörte zu blühen. Die Beiden hatten sich an den Händen gefasst und fühlten sich leicht und ungezwungen. Michael, der nicht zum ersten Mal hier war, zeigte Eva Maria die Feigen- und Avocadobäume, Jacaranda, den Palisanderbaum, die Erikabäume, die vielen Palmenarten und Kakteen. Aber dann machte er den Fehler, sie auch in den Vogelpark zu führen. Er spürte, wie sie starr wurde. Sie schüttelte den Kopf über die kleinen Käfige, in denen bunte Papageien und seltene Vogelarten aus aller Welt gefangen waren, die in ihren Heimatländern in großen Schwärmen durch die Freiheit fliegen können. Tränen traten in ihre Augen.

„Das ist mir noch nie so bewusst gewesen wie jetzt, was wir den Tieren antun," entschuldigte sie sich. „Sieh diesen armen Fasan. Nur ein knapper Meter ist sein Käfig breit. Wenn er sich umdreht, bleibt seine Schwanzfeder hängen, so klein ist sein Käfig. Und er ist allein." Nun weinte sie: „Oh, Michael, so viele der Vögel sind allein in ihren

Käfigen. Auch Vögel brauchen einen Partner."

Die Tränen flossen nun in Strömen und Eva Maria weinte den Kummer der letzten Jahre heraus, in denen sie sich allein gefühlt hatte.

Michael war bestürzt. Aber es berührte ihn auch sehr, wie empfindsam Eva Maria war. Er hätte nicht darüber nachgedacht. Aber nun, wo sie es sagte, stieg auch bei ihm Mitleid mit der leidenden Kreatur auf, die von Menschen ihrer Freiheit und Heimat beraubt wurde und ihrer Freude, um paradoxerweise diesen Menschen Freude zu bereiten durch ihren Anblick.

Er fuhr mit Eva Maria zum Hortensia-Teehaus hinauf. Den ganzen Weg über schluchzte sie noch. Aber dort oben, unter den riesigen Eukalyptusbäumen, wischte sie endlich ihre Tränen weg.

„Hier ist es so friedlich," sagte sie und schlürfte mit Behagen ihren Tee. Sie lehnte sich an Michael an und atmete aus. „Kein Tier dürfte eingesperrt sein und allein, auch kein Mensch! Wir brauchen einander. Wir brauchen die Ergänzung."

Und dann brach sie den Bann: „Ich liebe dich."

Michael nickte ernst. „Ja, wir lieben uns. Und ich liebe dich, wie ich noch nie geliebt habe, weil ich gar nicht gewusst habe, was Liebe ist."

Aber lang konnte er nicht ernst bleiben, der

jungenhafte Michael. Freude stieg in ihm empor wie die Perlen in einem Sektglas. Und schon schäumte er über und lief lachend mit Eva Maria den Hortensien-Garten hinunter. Und er tanzte mit ihr an der Levada entlang und pflückte die blauen Blüten der afrikanischen Liebesblume, die in Madeira liebevoll „Heinrichs Kronen" genannt werden nach Heinrich, dem Seefahrer. Er steckte sie Eva Maria ins Haar. Blaue Blüten in dunklem Haar! Und er küsste sie leidenschaftlich. Eva Maria musste ihn bremsen, denn es kamen Spaziergänger. Und so sagte sie lachend: „Wir sollten es noch bis ins Hotel schaffen."

Michael zog um in die schöne Villa Opuntia mit den Paradiesvogelblumen und sagte von diesem Tag an Eva Maria zu ihr. Sie lebten im Paradies und sie fühlten sich wie im Paradies. Und der Himmel lachte dazu und die Meerjungfrauen sangen.

Achtung! Finale!

Nebel wallen
Wellen fallen

Fische springen
Meerjungfrauen singen !

Am letzten Urlaubstag stehen Michael und Eva Maria eng umschlungen auf den Klippen und schauen in die Weite des Meeres. Die Nebelschleier tanzen. Die Wellen wallen auf und fallen und ziehen ihre gleichmäßige Bahn. Silberne Fische springen. Die Meerjungfrauen verzaubern mit ihrem betörenden Gesang.

„Wie kann man das nur festhalten?" flüstert Eva Maria.

Die Antwort gibt Neptun persönlich. Er entsteigt rauschend dem Meer, fährt mit Getöse hochspringender Fontänen senkrecht aus der gurgelnden Tiefe. Seine Gestalt breitet sich aus und verbindet das Meer mit dem Himmel. Er ist blau wie das Meer und durchsichtig wie eine Wolke. Nur die Augen schimmern tiefgründig smaragdgrün. Jede Wasserperle in seinem Haar leuchtet wie ein kleiner Stern. Alles glitzert und schimmert. Und auf dem Kopf trägt er eine funkelnde Krone, in der die Sonnenstrahlen blitzen. Ist das ein Traum, ein schöner Tagestraum?

„Ich verneige mich vor der Liebe. Sie ist die Kraft, die Welten entstehen lässt, die den Kosmos regiert.

Wer liebt, ist im Paradies. Ihr nehmt euer Paradies mit. Es ist in euch. Ihr braucht es nicht festzuhalten. Es kann euch nicht genommen werden, so lange ihr liebt. Und euere Liebe ist ewig!"

Nebel wallen
Wellen fallen
Fische springen
Meerjungfrauen singen !

Das Meer braust auf in einem gewaltigen Akkord. Neptun funkelt und leuchtet und streckt seine Arme der Sonne entgegen. Und sein Bild zerfließt. Nur noch die Sonnenstrahlen glitzern auf dem Meer. „Euere Liebe ist ewig!" hallt es in den Ohren der Liebenden, hallt es in ihren Seelen. Nun brauchen sie nie mehr von der Liebe zu träumen. Denn ewig ist die Liebe. Ewig ist Gott. Ewig wartet das Paradies. Und Madeira ist ein materialisierter Zipfel davon.

Teil 4
Anhang

Beispiellisten zu Assoziationen

Nachfolgend die Symbollisten von Anke und Jan sowie von Mia und Phil. Ich habe diese ausgesucht, weil hier die Symbole von Paaren nebeneinander stehen, die dadurch einiges übereinander erfahren können. Ich empfehle Paaren, ihre Listen miteinander zu vergleichen. So kann man Ähnlichkeiten feststellen und Gegensätze.

Für die Traumdeutung sind diese Assoziationen sehr wichtig. Denn wie könnte man denn ein Schiffsunglück deuten - falls Mia davon träumen sollte -, wenn man ihre ungewöhnliche Assoziation „Wasserverschmutzung" nicht kennt?
Auch die Unterschiede z.B. bei „Dieb" machen deutlich, wie wichtig die Assoziation dazu ist. Mia denkt an Armut, Phil an Flucht. Eine allgemeine Traumdeutung würde beiden nicht gerecht.

	Mia	Phil
Feuer	Gefahr	rot – Liebe
Wasser	Gefühl	blau - kalt
Sturm	Wut	Wind
Überschwem-mung	Regen	Wasser, Leid
Kälte	Mantel	Eisberg, Schnee
Natur	Mutter	Wald, grün, Harmonie
Blumen	Duft	rote Rose
Veilchen	Zartheit	Grab
Rose	Schönheit	rot - Schönheit
Bäume	Schutz	groß, mächtig, Rinde
Eichhörnchen	Nüsse	braun, flink, Bäume
Berge	Enge	felsig, kantig, hoch, mächtig
Erdbeben	Naturgewalt	Erschütterung, Leid, Zerstörung
Wald	Geborgenheit	Bäume, grün, friedlich
Bächlein	Quelle	Wasser, Wiese, Kiesel, Sträucher
Meer	endlose Weite	blau, warm, Wellen, Sand, Sonne

	Mia	Phil
Boot	Holz	Kanu, Paddelboot
Großes Schiff	Hafen	Dampfer
Schiffsunglück	Wasserverschmutzung	Tote, Ertrinken
Eisenbahn	Krach	ewige Schienen
Bahnhof	Menschenmassen	wartende Menschenmassen
Auto	Abgase	Räder
Autounfall	Verletzte	Schrott, Macken
Fahrrad	Spazierfahrt	Rahmen, Räder
Flugzeug	Absturz	Weite, Höhe
Flugzeugabsturz	Tote	Explosion
Vögel	Freiheit	weiß
Hund	Gehorsam	zutraulich, lieb
Katze	Eigensinn	schwarz
Pferd	Stolz	braun, stark
Arbeit	Wäsche waschen	Gefängnis
Haus	Schutz	Dach überm Kopf

	Anke	Jan
Boot	schaukelt (mir wird schlecht)	ohne Boden-haftung, wackelt
Großes Schiff	fern auf dem Meer	majestätisch
Schiffsunglück	gerettet werden	völlige Hilflosigkeit
Eisenbahn	fortfahren	mächtige dampfspeiende Lok
Bahnhof	ankommen	Fernweh
Auto	Beweglichkeit	Unabhängigkeit
Autounfall	Glück gehabt	große Nieder-geschlagenheit
Fahrrad	langsam fahren	Anstrengung
Flugzeug	wenn's nötig ist	air born
Flugzeug-absturz	geht schnell und ist schnell vorbei	endgültiges Aus
Vögel	Leichtigkeit, niedlich	flatternde Freunde
Hund	Freund	Kamerad
Katze	Schmuse-Katze	Vorsicht
Pferd	trabt / Pferdeäpfel	sehr groß
Arbeit	muss sein/ kann sein/ soll sein	Möglichkeit, zu brillieren
Haus	drin wohnen	Geborgenheit, Sicherheit

	Anke	Jan
Feld	ackern, säen, ernten	undankbare Arbeit
Garten	Schönheit und Sonne	Oase der Stille
Küche	gemütlich und warm (bei Oma)	verheißungsvolles Tellerklappern
Wohnzimmer	könnte größer sein	Behaglichkeit
Schlafzimmer	klein, schnuckelig	Gute Nacht
Esszimmer	hell, viele Fenster, Gespräche	angenehmer Geruch
Bett	Rückzug, geborgen sein	Angst vor Ungeziefer
Keller	Angst (als Kind)	dunkles Loch
Licht	erhoben sein	Verheißung
Sterne	leuchten nachts	Schmuckstücke
Komet	sehen und staunen	Himmelsbote
Komet fällt vom Himmel	hinlegen und beten	Jetzt kommt Typhon!
Engel	Lichtgestalt, verneige mich	mysteriöser Helfer
Himmel	weit weg	Fata Morgana
Christus	Jerusalem	mein Freund
Gott	Einheit und Liebe	mein Vater
Glück	Einheitsgefühl	spüre ich in meinen Händen

	Mia	Phil
Feld	Ernte	Acker, Getreide
Garten	Kräuter	Gemüse, Essen
Küche	Kochen	Kochen, Essen
Wohnzimmer	Couch	Entspannung, Kuscheln
Schlafzimmer	Schlaf	schlafen
Esszimmer	Luxus	haben wir nicht
Bett	Schlaf	schlafen
Keller	Vorräte	dunkel, kalt
Licht	Liebe	warm, hell, weiß
Sterne	Hoffnung	Sternenhimmel
Komet	Wunsch	Feuerball
Komet fällt vom Himmel	Sternschnuppe	Aufprall, Graben in Wiese/Feld
Engel	Bote	weiß, Flügel
Himmel	Erde	blau, schön
Christus	Erkenntnis	arm, bescheiden, gut
Gott	Funke	Macht
Glück	Freude	vierblättriger Klee

	Anke	Jan
Angst	vor Schmerzen	... zu versagen
Wut	es zerreißt mich, ich platze	wenn mir einer im Weg ist
Traurigkeit	sich allein und verlassen fühlen	wenn ein Tier leidet
Freude	alles geht gut	gelungene Tat
Tag	Sonne geht auf	meine Chance
Nacht	schlafen gehen	gefährlich
Fernsehen	Zeit totschlagen	Dumpfheit
Koffer	verreisen	Aufbruch
Vater	weit weg	Reserviertheit
Mutter	leider weit weg	Angst vor Ablehnung
Bruder	weit weg	Arschloch
Schwester	hätte ich gerne	liebe Freundin
Tochter	nette Kindheit	Liebesbeziehung
Sohn	./.	Kameradschaft
Großvater	feiner Kerl	./.
Großmutter	Original/tolle Frau	Zuneigung
Schule	schöne Zeit	durchmogeln

	Mia	Phil
Angst	Trauer	dunkel, schwarz
Wut	Verzweiflung	Aggression
Traurigkeit	Weltschmerz	Tränen, weinen
Freude	Heiterkeit	Lachen
Tag	Sonne	hell, Licht
Nacht	Mond	schwarz, dunkel
Fernsehen	Beeinflussung	falsche Entspannung
Koffer	Reise	verreisen
Vater	Vergebung	mein Vater
Mutter	Geborgenheit	meine Mutter
Bruder	Zusammenhalt	hab ich nicht
Schwester	Zusammenhalt	meine Schwester
Tochter	Liebe	meine Tochter
Sohn	Liebe	meine Söhne
Großvater	Güte	mein Opa
Großmutter	Güte	meine Oma
Schule	Lernen	lernen

	Anke	Jan
Lehrer	hatte immer nette	verschroben
Chef	meistens nett	Vertrauen
Freundin	Kindheit	Verliebtheit
Freund	geschäkert	Treue
Regenbogen	Erhabenheit	beglückendes Wunder
Sonne	Lichtbringer, Wärme	Lebensspender
Mond	sanftes Licht in der Nacht	geheimnisvoll
Rot	leuchtet, weit zu sehen	Stierkampf
Blau	kühlt, Meer	kühles Wasser
Grün	Natur, Buchenblätter	Frühling
Weiß	Schnee/ rein	frisch gefallener Schnee
Schwarz	lichtlos	unheimlich
Pistole	Achtung!	Lebensgefahr
Schuss	jetzt hat's jemanden erwischt	Tod
Tod	Übergang, hoffentlich sanft	Ende der Quälerei
Krankenwagen	geh ich nicht rein	Hoffnung
Krankenhaus	nie wieder!	deprimierend

	Mia	Phil
Lehrer	Bevormundung	Autorität
Chef	Profit	Anzug, Krawatte
Freundin	Verständnis	hab ich nicht
Freund	Verständnis	Enttäuschung
Regenbogen	Transzendenz	schön, Farben
Sonne	Wärme	hell, warm, schön
Mond	Energie	Nacht, Vollmond
Rot	Liebe	Wärme, Rose
Blau	Himmel	Himmel
Grün	Wald	Wiese, Natur
Weiß	Licht	Licht
Schwarz	Nacht	Nacht
Pistole	Gewalt	schwarze Knarre
Schuss	Gewalt	Leid
Tod	Übergang	Leid, Erlösung
Krankenwagen	Verletzte	Sirene
Krankenhaus	Pflege	Gestank

	Mia	Phil
Streit	Versöhnung	Wut, Trauer
Brücke	Verbindung	Verbindung
Weihnachten	Glanz, Christbaum	Familie, Geschenke
Ostern	Frühling	Osterhase, Eier
Frühling	Leben	Natur erwacht
Sommer	Sonne	Hitze, angenehm
Herbst	Ernte	braunes Laub
Winter	Stille	Schnee, weiß
Advent	Plätzchen	Adventskranz, Kerzen
Dieb	Armut	Flucht
Mord	Zorn	Brutalität
Vergewaltigung	Schändung	Abschaum
Buch	Wissen	Wissen
Feuerwehr	Brand	rot, Wasser
Jäger	Tod	Gewehr
Soldat	Krieg	uniformierter Mann

	Anke	Jan
Arzt	kann helfen oder nicht	Respektsperson
Blitz	grelles Licht / zuckt Zick-Zack	drohendes Grollen
Donner	Entladung	beängstigend
Frieden	wünschenswert / schwer	große Erleuchtung
Quelle	Klarheit	Labsal
Schaukel	Schwung	Frieden
Kaffee	duftet gut, schmeckt bitter	Gemütlichkeit
Tee	abschalten	Gesundheit
Duschen	Erquickung	Erfrischung
Baden	langweilig, heiß	zu langweilig
Ausländer	andere Mentalität	interessant
Urlaub	am Meer	erhebend
Politiker	geltungssüchtig	abstoßend
Politik	an der Nase rumführen	Betrug
Tränen	Verzweiflung	Erleichterung
Schmetterling	...du feines Ding/ Leichtigkeit	Wunder der Natur
Schlange	igitt-igitt	buh, eklig

	Anke	Jan
Toilette	bitte ohne Publikum	auch eklig
Geld	Abhängigkeit	unnötig
Sonnenaufgang	Das Herz wird mir leicht	erhebend
Geburt	Ein neues Wesen/ Wunder begrüßen	freudiges Ereignis
die Zahl 7	Entwicklungszahl	hohe Geistigkeit
die Zahl 13	disharmonisch	Glück oder Unglück
die Zahl 12	12 Jünger	Vollkommenheit

Beispielbilder zu archetypischen Symbolen

Die nachfolgenden Symbol-Bilder in der zeitlichen Reihenfolge, wie sie gemalt wurden:

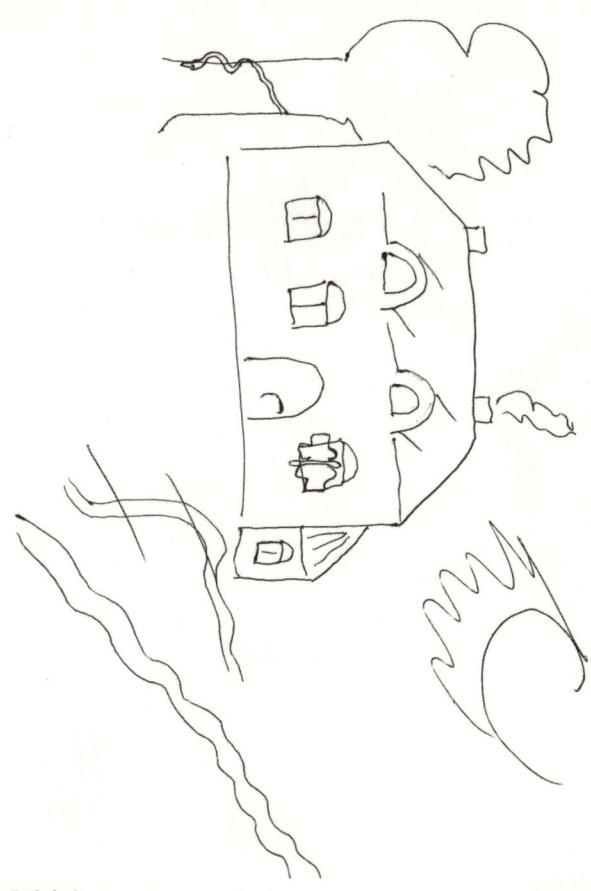

Bild Anne

Bemerkenswert: es ist mehr eine rasche Skizze. Das zuerst gemalte Bächlein war mir gefühlsmäßig zu nah. Ich habe es einfach ausgestrichen. Der Schmetterling schaut ins rechte Fenster hinein. Und meine Schlange ist die Ur-Versuchung aus dem Garten Eden.

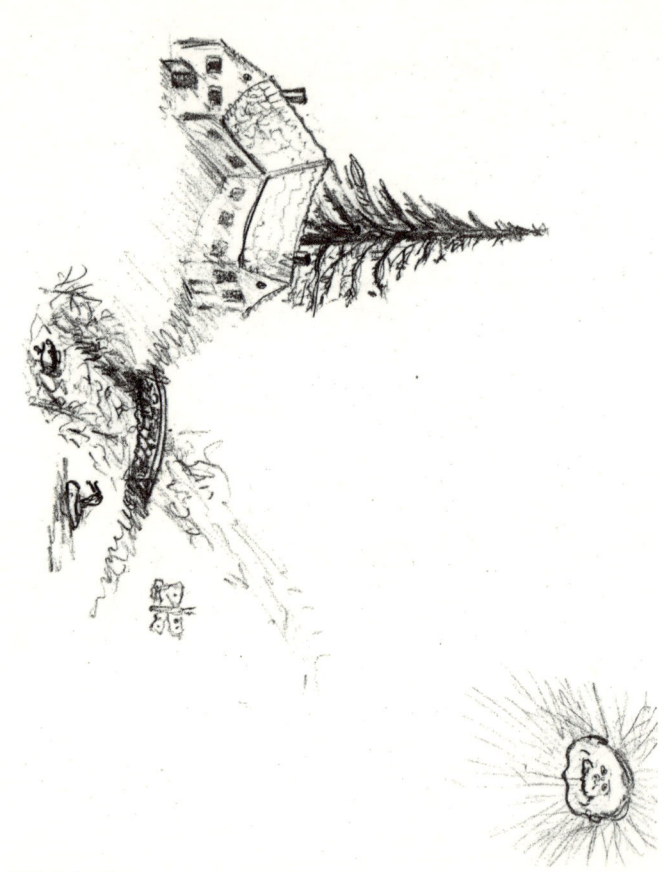

Bild Robert

Bemerkenswert: ein Doppelhaus.
Das Sonnengesicht sehe seinem Vater ähnlich, den er
mit 4 Jahren verlor, wie er ihn in Erinnerung hat.
Deshalb wohl auch die weite Entfernung der Sonne.
Bach mit verbindender Brücke.

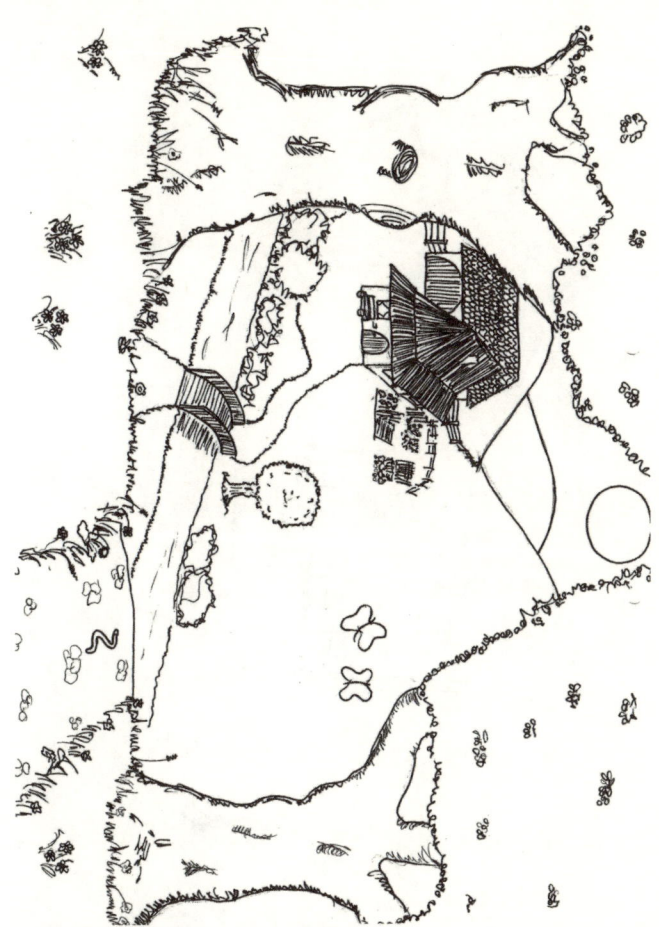

Bild Anuschka

Bemerkenswert: Kurz vor der Geburt ihrer Zwillinge
malt sie alles doppelt: 2 Schmetterlinge, 2 große Bäume
und wohl einen kleinen für ihre zweijährige Tochter.
Die Schlange ist winzig, Bach auch mit Brücke.

331

Bild Jetske (Enkelin, hier noch 10 Jahre alt)
Bemerkenswert: Die gemütliche Pausen-Szene vor dem
Haus: ein kleiner runder Tisch und Stühlchen. Jetske hat
sogar drei (!) Bäume gemalt und auch eine Brücke über
den Bach. Und eine lange Schlange !

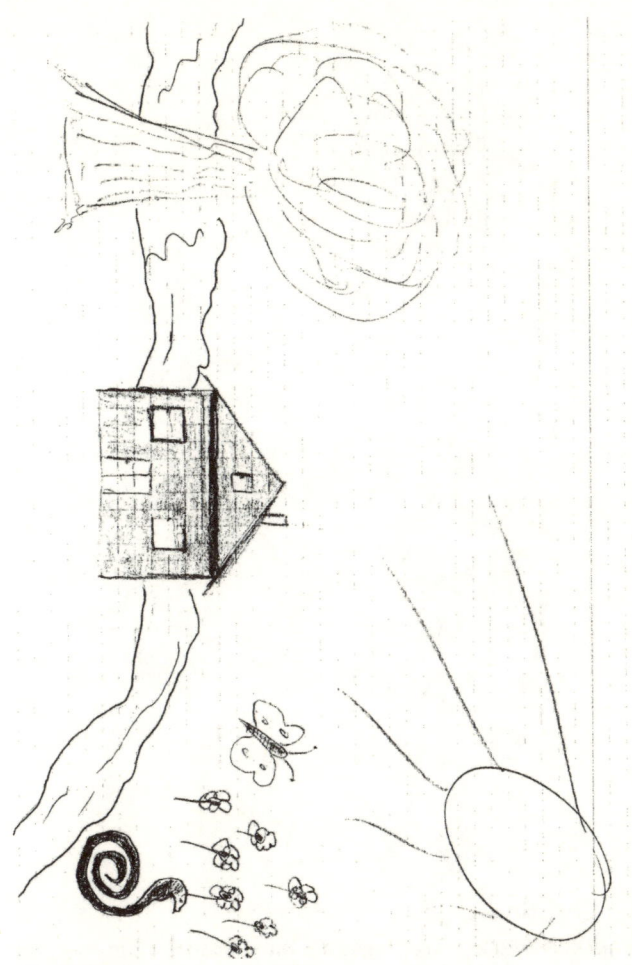

Bild Frank
Bemerkenswert: der Fluss rahmt sein Haus ein, die
(aufgestellte !) Schlange schlängelt sich zu oder hinter den
Blumen. Große Sonne.

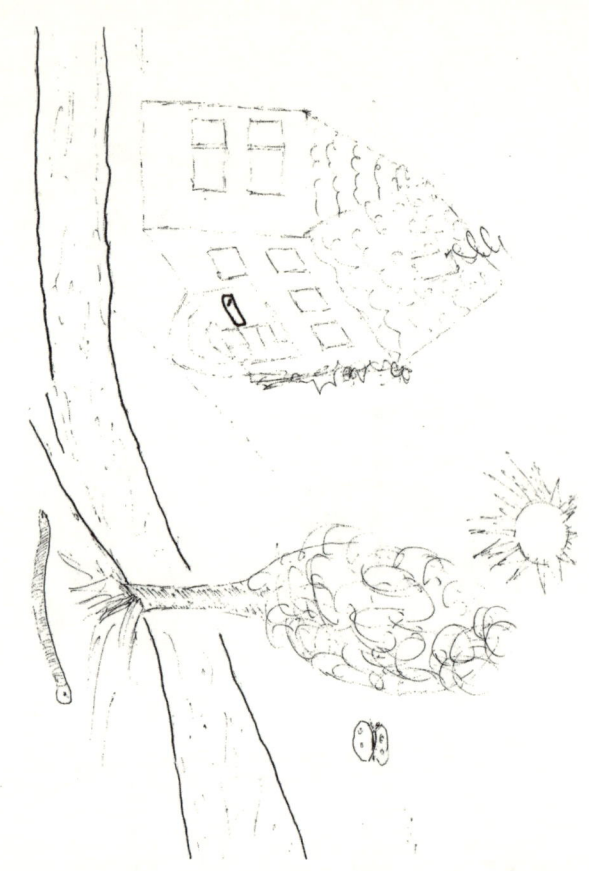

Bild Christine

Bemerkenswert: Briefkasten am Haus! Baum mit sichtbaren Wurzeln. Die Schlange ist ohne Krümmung, eher ein (harmloser?) Regenwurm. Der Bach durchzieht das ganze Bild.

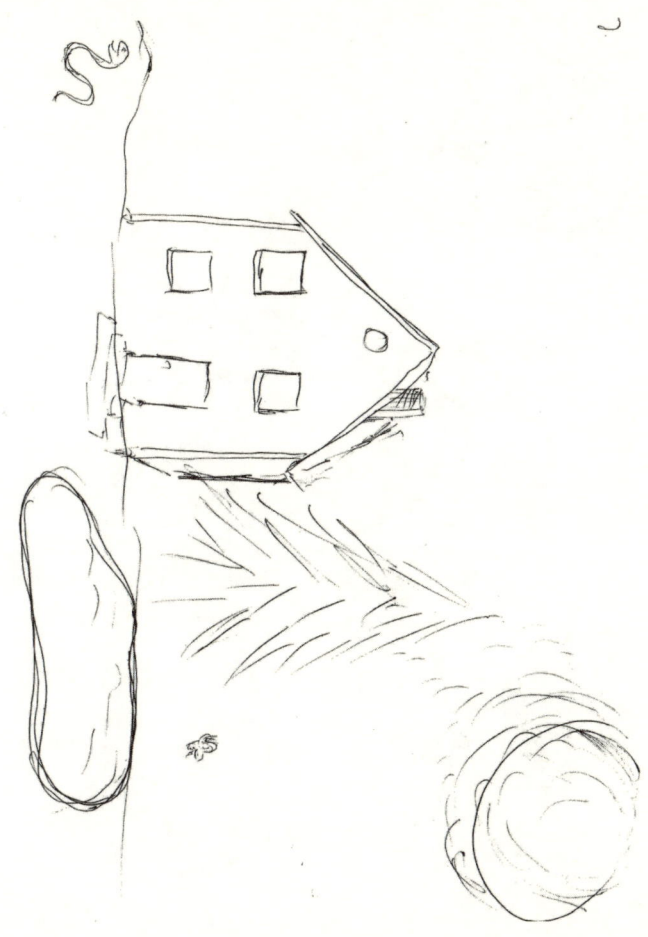

Bild Jürgen
Bemerkenswert: eine lachende Schlange am Bildrand!
Ruhiger See, unruhige Sonne.

Bild Mia

Bemerkenswert: Die Schlange berührt den riesigen
Schmetterling, der fast so groß ist wie das hohe Haus.
Sonnenstrahlen bis zum Haus. Springbrunnen am
Bildrand.

Bild von Mias 7jähriger Tochter Salome
Verblüffende Ähnlichkeit: auch hohes Haus, großer
Schmetterling, Schlange (aber kleine) am Baum.
Ein Buntbild: rechts unten ein blaues Wasser. Die
Farben des Schmetterlings siehe Buch-Rückseite innen.

337

Bild Phil (Vater von Salome)
Bemerkenswert: die Abtrennung in einzelne Bilder.
Die Kobra hat sich erhoben, wie vor einem
Angriff. Das Wasser sieht stürmisch aus.

Bild Marianne

Bemerkenswert: Der Teich in fast viereckiger Form mit Wasserpflanzen hat auch eine Wasserschlange. Die große Sonne = Vater ist dominierend.

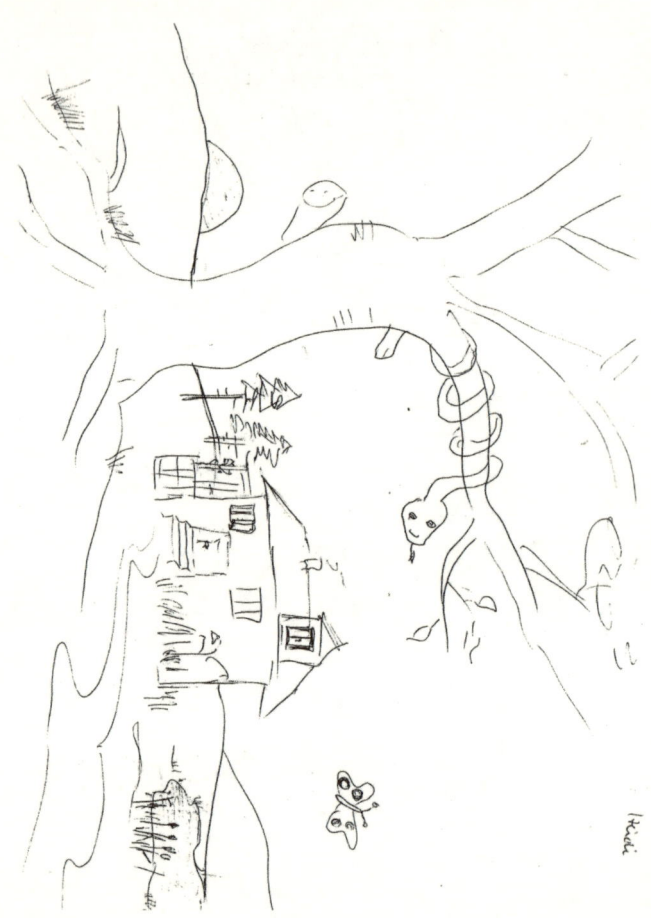

Bild Heidi
Bemerkenswert: Die untergehende Sonne ist bezeich-
nend für den Vater („hatte nicht viel zu sagen").
Die Schlange am Ast ist recht nahe über dem Hausdach!

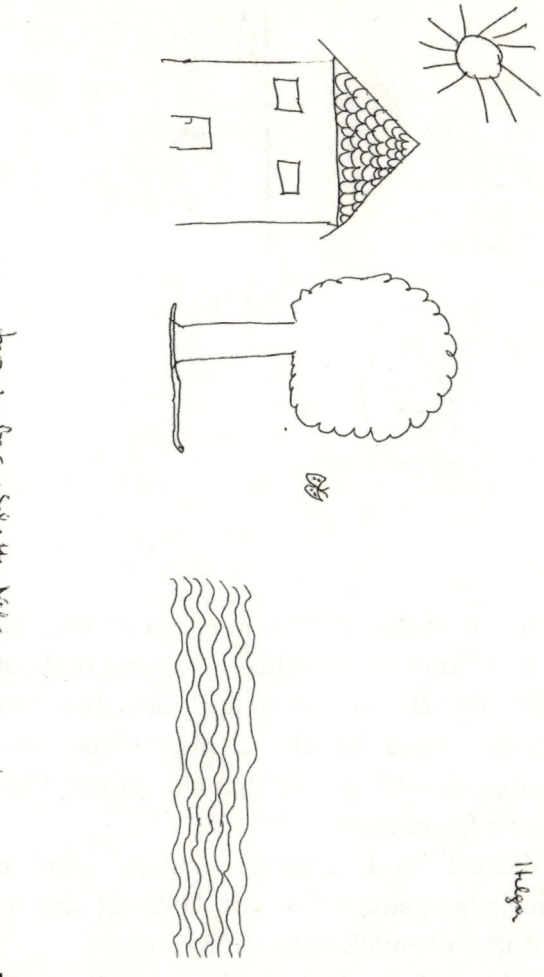

Bild Helga
Bemerkenswert: die ungekrümmte Schlange unterhalb
des Baumes. Haus mit der Erde verbunden.

341

Die Bilder der Söhne von Helga im Vergleich:

Die Häuser von Michael, Dominic und Lukas sind sich ähnlich und ähneln auch dem ihrer Mutter.

Lukas' Haus ist ein wenig größer, aber ohne Eingang. Auch genügt ihm ein Fenster. Originell ist seine Regentonne.

Michael und Dominic haben eine bewegte Schlange gemalt. Die von Lukas ist wie bei seiner Mutter ebenfalls ohne Krümmung.

Es ist auffallend, dass alle angegebenen Symbole hintereinander gemalt wurden.

Bild Horst (Partner von Helga)
Bemerkenswert: ein Haus mit seitlicher Eingangstür –
das Wasser fließt nah bis ans Haus. Männliche Variante
der Schlange um den Paradies-Baum (sieht aus wie ein
Luftballon, der sich verfangen hat).

Laura 20 Jahre

Bild Laura, Partnerin von Michael
Bemerkenswert sind die weiblichen, runden Formen
(Baum, Schmetterling, auch Schlange).

Bildervergleich zweier Damen reiferen Alters:
Wally (82 Jahre), Mutter von Helga
Elsa (79 Jahre), Mutter von Horst
Bemerkenswert: als Wasser von oben der Regen,
einmal mit Wolken über dem Wellenteich,
einmal in einen ruhigen See fallend.
Beide Bäume mit Früchten.

345

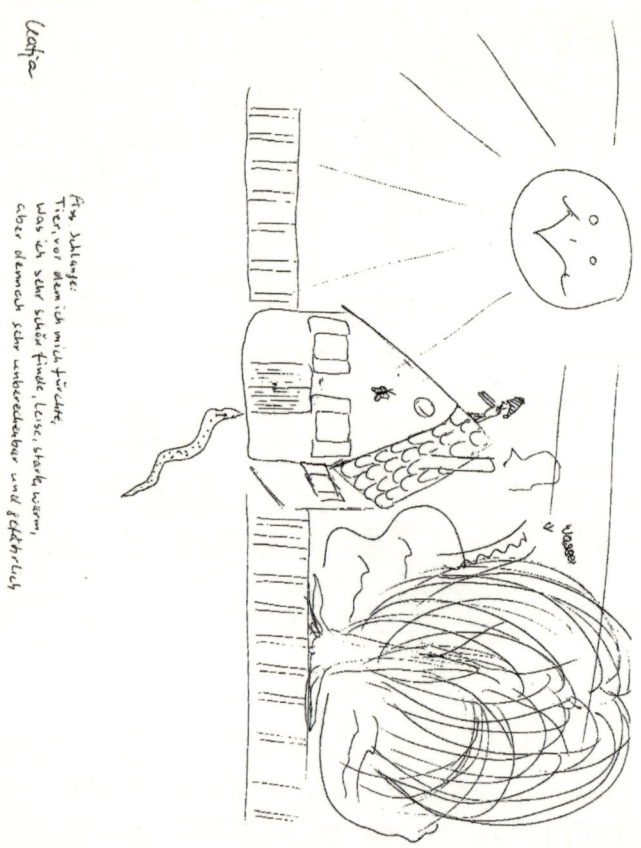

Bild Katja
Bemerkenswert ist der Zaun rechts und links, aber nicht
vor dem Haus, wo die Schlange am Eingang wartet.
Wasserfall in See, davor beschützende Trauerweide.
Auf dem Dach ein „Schlafwandlermännlein".

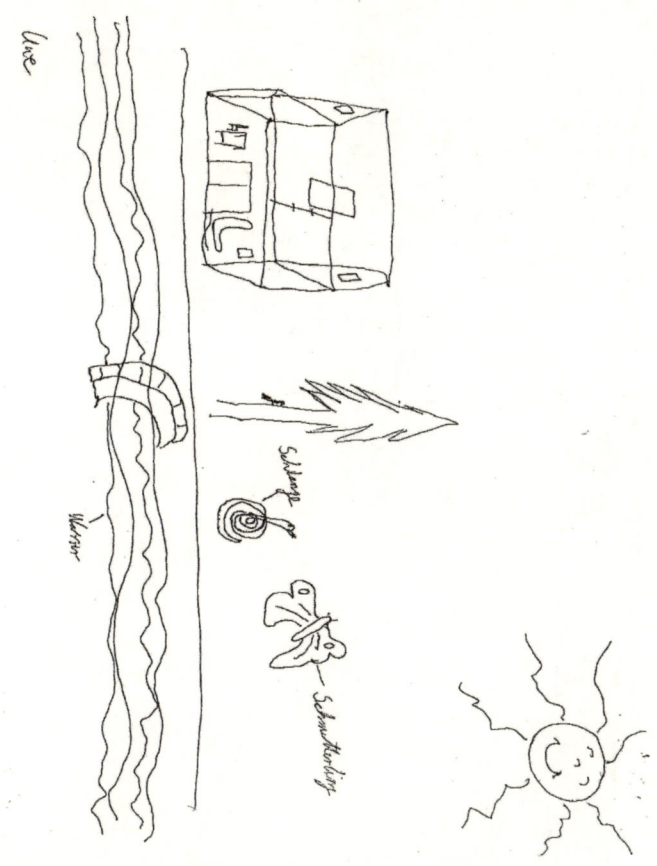

Bild Uwe (Partner von Katja)
Bemerkenswert: dreidimensionales (durchsichtiges)
Haus – Schluss-(oder Zwischen-)strich über dem Fluss –
Specht klopft am Fichtenstamm. Vergnügte Sonne.

Bild Christin
Bemerkenswert: das Haus mit großer Mansarde und großer Garage. Vor dem Haus eine Wegkreuzung. Der lange Bach im Vordergrund ist schmal, fast ein Rinnsal. Und die Schlange sehr weit entfernt und klein.

348

Bild Sylvia:
Bemerkenswert: Der kleine Gartenweg führt direkt in den langen, die gesamte Bildbreite einnehmenden Bach. Wieder eine züngelnde Schlange aus der Paradies-Verführung.

Bild Lothar:
Bemerkenswert: es fehlen die Fenster, die das Licht der
Sonne hereinlassen. Die Schlange „schlängelt sich" durch
die Erde. Und auf dem kurzen Fluss ein Kahn mit
Ruderer, dem das Wasser schon bis zum Herzen steht.

350

Bild Greta:
Bemerkenswert: das große Meer – die große Mutter-
beziehung! Eine Schlange, die am Rand des Meeres als
Wasserschlange positioniert ist. Wichtig: der Baum hat
seine Wurzeln bereits aus der Erde gezogen.

Bild Hertha:
Bemerkenswert: so ein riesiges (und dunkles) Meer mit
Steilküste malt eine Büsumerin. Und aus dem Meer
kriecht eine lange, dunkle Schlange. An Land sieht es
heiterer aus: Blumenbeete, 2 Bäume, 2 Schmetterlinge.

Bild Timo:
Bemerkenswert: der Zaun neben dem Haus und die
Regentropfen, die nur auf den eingezäunten Garten
fallen. Dazu ein Regenbogen. Die Sonne berührt das
Hausdach. Kleine Schlange am Baum der Erkenntnis.

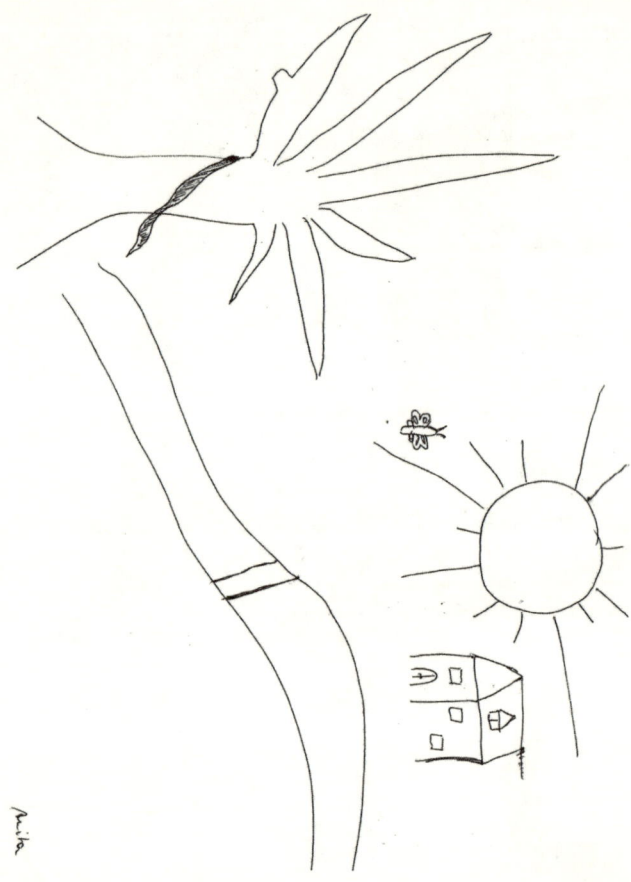

Bild Anita:
Bemerkenswert: die verhältnismäßig große Sonne über dem kleinen Haus, die Palme mit Schlange (Paradies-bild) und ein kleiner Steg über den Fluss.

Zwilling Lucia (kurz vor dem 6. Geburtstag):
Im Original-Buntbild wirken die roten Gardinen besonders hübsch. Wie ihre Zwillingsschwester hat sie einen blauen See gemalt. Bei ihr hat er eine braune Brücke. Das Haus ist gelb und hat ein rotes Dach. Die große Schlange fliegt über der Sonne. Warum wohl?

355

Zwilling Arwen:
Ihr Haus ist größer, hat aber nur ein (großes) Fenster. Es
hat auch ein rotes Dach, ist ansonsten blau und grün,
die Eingangstür ist gelb. Im kleinen Teich eine Ente. Der
Baum hat einen besonders dicken Stamm.

Literaturliste:

„Das Buch der Träume" von Sylvia Browne, Goldmann-Verlag, München
„Traumdeutung" von Adrienne von Taxis, Tosa-Verlag, Wien
„Die geheime Sprache der Träume" von David Fontana, Kailash
„Träume" arsEdition, München

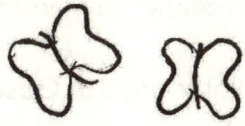

Danksagung

Ich danke allen Träumern und Zeichnern für ihre Mitarbeit, ohne die dieses Buch nicht entstanden wäre. Vor allem meiner Tochter Anuschka und meiner Enkelin Jetske für ihre gemalte Hilfe. Und Helga fürs Korrekturlesen.

Weitere Bücher aus dem LESER VERLAG WERTHEIM:

Von Anne Christin Leser erschienen bisher folgende Bücher:

Es war einmal ... und kann morgen wieder sein
– die 12 Sternzeichen in Märchen und Geschichten

📖

Zurück zur Natur und zur Gesundheit
mit dem Bummelzug oder Schnellzug

📖

Vorbereitung auf den Ernstfall
wenn auf „7" fette Jahre „7" magere Jahre folgen
oder wenn wir mal vorübergehend ohne elektrischen Strom sind ...
oder die Geschäfte einige Tage nicht aufmachen ...
und die Banken geschlossen bleiben

📖

In Vorbereitung (voraussichtlich Ende 2010):

Innere und äußere
Vorbereitung auf die Apokalypse
- Wie man in den Wald ruft, so schallt es zurück

„Es war einmal ...
und kann morgen
wieder sein

- die 12 Sternzeichen in Märchen und Geschichten"

Ein astrologisches Märchenbuch, das zu Herzen geht und uns
so nebenbei hilft, die Weisheiten der Astrologie besser zu
verstehen.

„Ein Geschenkbuch, um sich selbst und anderen eine Freude
zu machen."

114 Seiten € 13,30
ISBN 978-3-9807554-01

Anne Christin Leser

ZURÜCK zur NATUR
und zur Gesundheit

mit dem Bummelzug oder Schnellzug

129 einfache Rezepte mit vielen Varianten
begleitenden Geschichten/Märchen, Informationen
Neumondentgiftungsprogramm

"Zurück zur Natur und zur Gesundheit
mit dem Bummelzug oder Schnellzug"

Ein Rezept- und Geschichtenbuch für eine Enährungsumstellung

"Eine Einladung für den Rückweg, zurück zur Quelle der
Gesundheit. Ein Richtungsweiser, der auch die Ernährung betrifft,
aber nicht nur ..."

324 Seiten, mit Farbfotos € 26,00
ISBN 978-3-9807554-1-2

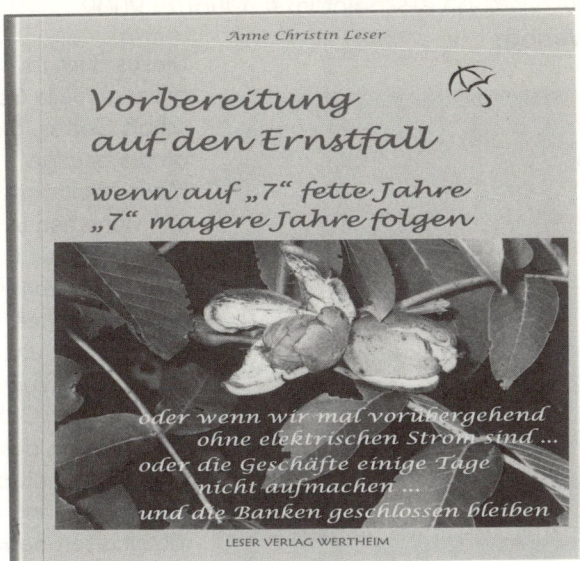

Vorbereitung auf den Ernstfall

wenn auf „7" fette Jahre „7" magere Jahre folgen
oder wenn wir mal vorübergehend
ohne elektrischen Strom sind ...
oder die Geschäfte einige Tage nicht aufmachen ...
und die Banken geschlossen bleiben

**„Ein Buch zur inneren und äußeren Vorbereitung
auf einen Wechsel, der bereits begonnen hat."**

350 Seiten € 18,80
ISBN 978-3-9807554-2-9

Von Friedrich Archan erscheint im 4. Quartal 2009 im Leser Verlag:

Dieses Buch ist eine brandaktuelle Botschaft Gottes. Sie ist an die heutige Menschheit gerichtet, die Menschen in der Übergangszeit vom materiellen zum spirituellen Zeitalter. Gott entschlüsselt uns in ihr die Apokalypse. Diese ist als „Geheime Offenbarung des Johannes" nahezu 2000 Jahre lang ein rätselhafter, beängstigender Teil der christlichen Bibel gewesen. Jetzt ist für Gott die Zeit gekommen, sie den Menschen zu erläutern. Denn jetzt (Mitte 2009) ist das 6. Siegel von Christus geöffnet worden, das die apokalyptischen Ereignisse freisetzt.

„Das 6. Siegel ist geöffnet.
Christus entschlüsselt uns die Geheime Offenbarung des Johannes.
Ein Weckruf Gottes an die heutige Menschheit"

ISBN 978-3-9807554-4-3

Was erwartet den Leser in diesem Buch
„Das 6. Siegel ist geöffnet"?

Es will die heutigen Menschen auf die nahe bevorstehenden, umwälzenden Ereignisse vorbereiten, die damals schon von Gott geoffenbart worden sind. Dass sie wissen, was nun auf die Erde zukommt und wie sie sich verhalten sollen, wenn sie seinen Willen erfüllen wollen.

Zu Anfang beschreibt der Verfasser, was ihm 2003 auf der griechischen Insel Patmos begegnet ist, wo der greise Apostel Johannes rund 2000 Jahre zuvor in dieser gewaltigen Offenbarungsvision von Christus angesprochen worden war:

Es war Sonntagmorgen auf Patmos. Die Sonne stieg gerade über die Bäume und kündigte einen heißen Spätsommertag an. Der erste Tag meines Aufenthaltes hier im Jahre 2003. Es herrschte am „Kloster zur Apokalypse" ein ziemlich dichtes und buntes, aber ehrfürchtig gedämpftes Gedränge. Das Kloster umschließt die Grotte, in der Johannes damals die Offenbarung empfing, wie eine große, weiße Muschel und liegt auf halbem Weg vom Hafen Scala, in dem zwei Kreuzfahrtriesen vor Anker lagen, nach Chora auf den Berg hinauf, dem malerischen Hauptort der Insel. Der Parkplatz an der nahen Straße war voller Autos und Busse. Viele Menschen, die meisten in geführten Gruppen, füllten den geräumigen Zugangsbereich vor dem Kloster, drängten sich um ihre Führer oder in den Eingang hinein oder quollen umgekehrt aus dem Gebäude heraus in das grelle Sonnenlicht des wolkenlosen Tages und kämpften augenzwinkernd mit ihrer

Blendung.

„Ich, Johannes, euer Bruder und Genosse in der Drangsal und Herrschaft und Geduld in Christus," schallte plötzlich englisch-sprachig eine mächtige Stimme über den gesamten Vorplatz vor dem Eingang in das Kloster, der zur Grotte führt, „war auf der Insel Patmos wegen des Wortes Gottes und des Zeugnisses für Jesus. Da wurde ich am Tage des Herrn vom Geiste erfüllt und hörte hinter mir eine laute Stimme wie Posaunenschall. Sie sprach: Was du siehst, schreibe in ein Buch! Das sende an die sieben Gemeinden, nach Ephesus, Smyrna, Pergamum, Thyatira, Sardes, Philadelphia und Laodicea ... "

Von der Lautstärke der Stimme jäh aus meiner Beschaulichkeit gerissen, flüchtete ich erschreckt ins Gelände um das Kloster, das von Staub, Steinen und Stacheln beherrscht wird, und die dröhnende Tenorstimme verklang langsam hinter mir. Sie hatte aber nicht nur mein Bedürfnis nach Einkehr und Stille strapaziert, sondern war andererseits auch voller Charakter gewesen, demutgebietend und in der Sprachmelodie eines geübten Schauspielers oder Priesters und gehörte dem Führer einer etwa 25 Köpfe starken Gruppe, die ihn mit gesenkten Blicken und betreten-frommer Haltung umgab. Als ich mich zurücktraute, war wieder Ruhe eingekehrt und die lautstarke Gruppe still geworden und im Klostereingang entschwunden.

In der Grotte selbst wechselte eine Reisegruppe die andere ab, und man kann sich auf Griechisch, wenn man es versteht, Englisch oder in anderen Sprachen und gelegentlich auch in Deutsch die höchst sonderbare Geschichte anhören, die sich im Laufe der fast zwei Jahrtausende seitdem um den Empfang der Offenbarung hier in dieser Höhle gebildet hat. Als ich eintrat, waren außer mir ausnahmsweise nur wenige Menschen in der

Grotte. Ich konnte mir das Innere in Ruhe anschauen und auf mich wirken lassen. Dann setzte ich mich auf einen Stuhl, vor dem, bequemermaßen für meine Absicht, mir Notizen zu machen, ein dafür leidlich geeignetes Tischlein stand. Ich begann aufzuschreiben, was mir Christus in meinem Inneren erklärte:

„Nun bist du also hier. Was siehst du im Äußeren und um die damalige Höhle herum? Götzendienst. Es geht auch hier wie immer in meinem Namen auf dieser Erde um die Götzen Geld und Macht ..."

So weit das Zitat aus dem Anfang des ersten Kapitels. In den übrigen Kapiteln des Teils I wird das damalige Umfeld um die Johannes-Offenbarung herum erläutert, um gewisse Zusammenhänge verstehen zu können, die nur in Kenntnis der geistigen Ursachen des Lebens und Sterbens des Jesus und gewisser damaliger historischer Hintergründe verstanden werden können: Was ist auf Golgatha tatsächlich passiert und welche Folgen hatte und hat es für den einzelnen Menschen, seine Seele und seinen Schatten? Das Urchristentum in seinem damaligen römischen, sonstigen heidnischen und jüdischen Umfeld, insbesondere das Geschehen in Ephesus und auf Patmos während der Verbannung des Johannes dorthin. Warum empfing der greise Apostel Johannes diese gewaltige Offenbarung und wie wirkte und wirkt sie sich auf das wahre innere Christentum aus, das inzwischen einen 2000jährigen inneren und äußeren Kampf hinter sich hat?

In Teil II, dem Hauptteil des Buches, erläutert uns Christus heute die geheimnisvollen, teilweise erschreckenden Symbolbilder seiner damaligen Patmos-Offenbarung.

Warum jetzt? Warum erst jetzt?

Weil die umwälzende Reinigung und Reparatur der Erde und die Anhebung ihrer Schwingungsfrequenz auf die des anbrechenden Friedensreiches erst jetzt ansteht, und damit auch all die äußeren Ereignisse erst jetzt anbrechen, die wir apokalyptisch nennen, und die von uns als Katastrophen empfunden werden. Und weil die Menschen diese mit großer Furcht erwarten, denn sie wissen nicht, wie sie sich vor ihnen in Sicherheit bringen sollen. Erst jetzt, Mitte 2009, hat Christus das 6. Siegel aufgebrochen, das diese Ereignisse unumstößlich freisetzt. Wir werden aus seinen Erläuterungen erkennen, dass bezüglich der Fehlhandlungen der Menschen und ihrer Folgen, der Erdkatastrophen, die damalige Offenbarung auf unsere Zeit hindeutet. Sie beschreibt vor allem unsere heutige Zeit, unsere heutige Technik, und bietet uns Heutigen den Schutz und die Hilfe der geistigen Welt an. Sollen diese in unserem Leben wirksam werden, braucht es lediglich unser gelebtes Ja dazu. Am Ende dieser unumgänglichen Erneuerung ist die Erde in einer höheren geistigen Dimension gelandet. Mit allem, was sie trägt, auch den Menschen auf ihr. Das Friedensreich, um das die Christen in jedem Vaterunser beten, ist dann Wirklichkeit auf der Erde geworden. Diese ist nun auf dem Weg, sich zusammen mit der gesamten Materie in reingeistige Schwingung zu erheben und wieder in der Einheit des göttlichen Reiches aufzugehen, aus der sie vor langer, langer Zeit gefalllen war.

Dieses Buch ist an alle Menschen gerichtet. Annehmen werden es nur die können, die an Christus zu glauben bereit sind und sich für das Licht entscheiden.